KB269727

다락원

박귀진과 함께하는
중국어 완전독파 - 현지회화

지은이 박귀진
펴낸이 정규도
펴낸곳 (주)다락원

초판 1쇄 발행 2010년 8월 5일
초판 3쇄 발행 2015년 1월 6일

편 집 장 이경숙
책임편집 이상윤, 이원정
디자인 박나래, 임미영
일러스트 김주명
녹음 한국어 권영지
　　　 중국어 위하이펑(于海峰), 장치(张琦), 왕러(王乐), 천화(陈华)

다락원 경기도 파주시 문발로 211
내용문의: (02)736-2031 내선 430~436
구입문의: (02)736-2031 내선 250~252
Fax: (02)732-2037
출판등록 1977년 9월 16일 제300-1977-23호

Copyright © 2010, 박귀진

저자 및 출판사의 허락 없이 이 책의 일부 또는 전부를 무단 복제 ·
전재 · 발췌할 수 없습니다. 구입 후 철회는 회사 내규에 부합하는
경우에 가능하므로 구입문의처에 문의하시기 바랍니다. 분실 ·
파손 등에 따른 소비자 피해에 대해서는 공정거래위원회에서
고시한 소비자 분쟁 해결 기준에 따라 보상 가능합니다.
잘못된 책은 바꿔 드립니다.

값 14,500원(MP3 CD 1장 포함)

ISBN 978-89-277-2040-9 18720
　　　 978-89-5995-705-7(set)

http://www.darakwon.co.kr
- 다락원 홈페이지를 방문하시면 상세한 출판정보와 함께
  동영상강좌, MP3자료 등 다양한 어학 정보를 얻으실 수 있습니다.

중국어를 배우려는 수많은 학생을 만나면서 가장 자주 받았던 질문은 "중국어를 잘하려면 어떻게 해야 하나요?"입니다. 거꾸로 "학생은 중국어를 잘한다고 생각하나요?"라고 질문하면, 하나같이 "잘 못해요."라고 대답을 합니다. 또 "그럼 여러분이 생각하기에 어떻게 하면 중국어를 잘할 수 있을까요?"라는 질문에는 매우 다양한 답이 돌아옵니다. 자! 이 질문에 대한 여러분의 정답은 무엇인가요? 각자가 생각하는 답은 한 가지일 수도 있고 여러 가지일 수도 있습니다.

아시다시피, 중국은 한반도의 44배에 달하는 광활한 영토와 56개 민족, 13억 인구로 이루어진, 한 마디로 이렇다 저렇다고 단정 지을 수 없는 여러 가지 다양한 얼굴을 가진 나라입니다. 중국어를 배우는 데 있어 중국의 문화와 사람을 이해하는 것은 무엇보다 중요합니다. 중국어를 제대로 즐기기 위해 중국에 대한 매력을 여러분 스스로 찾아보세요. 중국은 정말 무한하고 다양한 매력을 가진 나라이니까요.

『중국어 완전독파』 첫걸음 편과 초급회화 편을 통해 중국어의 구조를 이해하고 어순 감각 훈련을 바탕으로 중국어 회화에 대한 자신감을 얻었다면, 이번 현지회화 편은 중국인과 자유로운 회화가 이루어지도록 하는 데 목표를 두었습니다.

본 교재『중국어 완전독파』현지회화 편은 중국을 대표하는 두 얼굴이라고 할 수 있는 베이징과 상하이를 배경으로, 출장과 여행이라는 쉽게 접할 수 있는 상황을 제시해, 실제 상황과 가장 근접한 의사소통이 이루어지도록 구성하였습니다.
또한, 중국에 대한 다양한 문화 소개와 신조어·유행어 코너는 여러분이 현재 중국의 모습을 이해하는 데 더욱 도움이 될 것입니다.

본 교재가 단순한 중국어 학습을 위한 도구로서 사용되는 것을 뛰어넘어, 중국, 중국 문화, 중국인에 대한 매력 찾기로 이어지는 다리 역할을 하게 되길 바랍니다.

저자 박귀진

이명호 대리의 중국 일정표

도시	날짜	오전	오후	저녁
베이징	제1일	인천공항 출발	베이징 서우두공항 도착 베이징호텔 도착	회의 일정 상의
	제2일	중화기업 방문 공장 참관	국제무역센터 관람	
	제3일	만리장성 관광		은사님 댁 방문
	제4일	은행 환전	왕푸징에서 쇼핑	
	제5일	회담 종료 계약 완료		취엔쥐더에서 식사
	제6일		상하이 기차표 예매	
상하이	제7일	베이징역 출발		상하이역 도착 허핑호텔 도착
	제8일		친구와 만남	와이탄 구경
	제9일	항저우 관광		동방명주탑에서 식사
	제10일	성황묘와 예원 관광	난징둥루에서 쇼핑	
	제11일	하이난루 구경		신티엔티 구경
	제12일	호텔 체크아웃	상하이 푸둥공항 도착 귀국	

이 책의 차례

이 책의 학습내용

순서	핵심 표현	어휘 포인트	신조어 · 유행어
01 이 대리, 베이징에 출장 가다	좌석 묻기 / 부탁하기 기내 / 입국심사	동사 靠 / 의문대사+吗	回火星去吧
02 베이징호텔에 도착하다	비즈니스 첫인사 호텔 수속	没错 / 사역동사 让	山寨
03 회의 일정을 상의하다	일정 상의 / 인터넷 채팅	개사 为了 / 동사 值得 부사 刚刚	装忙族
04 중화기업을 참관하다	회사 소개 / 회의 공장 참관 / 겸손의 표현	단위 平方米 / 不敢当	海龟
05 만리장성을 관광하다	비유 표현 / 지인 방문 완곡의 표현	和……大不一样 / 不觉 得……吗	蚂蚁族
06 왕푸징에서 쇼핑하다	사이즈 교환 / 약 구입 환전	找找看 / 정반의 형용사 로 이루어진 단어	奔三
07 베이징카오야를 먹다	계약 성사 축하와 감사 표현	접속사 尽管 再……就…… / 동사 来	泥饭碗
08 상하이 기차표를 예매하다	표 예매하기 / 작별 인사	동사 开往 / 명사 一早 既……又……	证奴

이 책의 구성과 활용

주인공 이명호의 발자취를 따라 중국의 최신 문화를
경험해 봅니다. 중국을 대표하는 두 도시 베이징과 상
하이에 대한 다양한 사진과 정보를 통해 새로워진 중
국의 모습을 확인해 보세요.

★ 독해 실력 키우기 해석

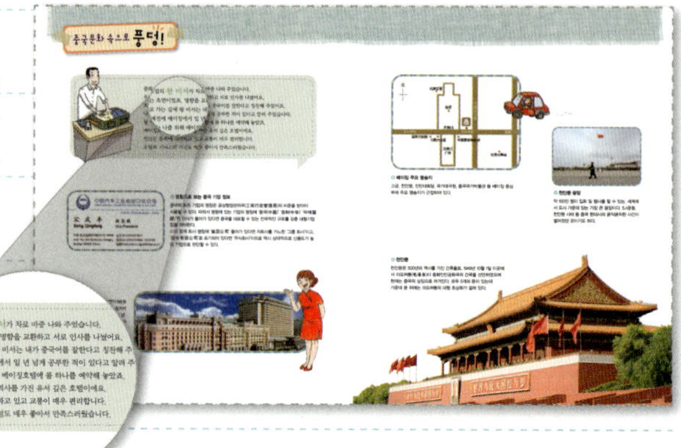

이명호가 중국에 가서 경험하는 일들을 일기 형식으로 소
개합니다. 문장을 읽고 의미를 파악하고, 오디오 강의를
들으며 말하기 훈련을 적극적으로 따라 해 보세요.

★ Point 핵심 표현 따라잡기
중요 어휘 및 문형을 학습합니다.

★ Q&A 본문 읽고 대답하기
본문 내용을 파악하고 질문에 대답해 보세요.

여덟 문장으로 이루어진 대화 속에 필수 단어, 주요 문형,
핵심 어법이 다 녹아 있습니다. 본문 녹음을 들으며 반복
하여 따라 읽어 보세요.

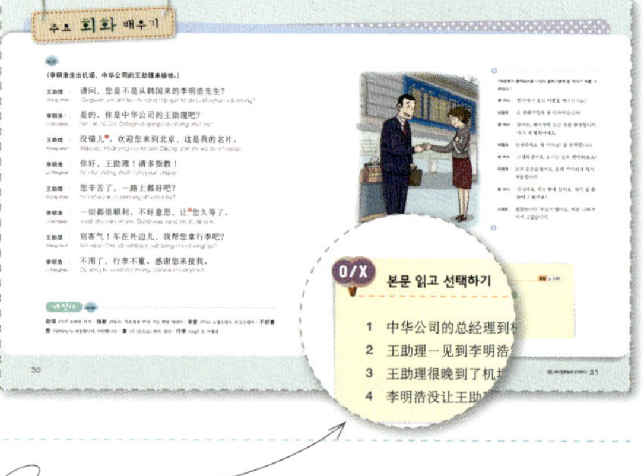

★ O/X 본문 읽고 선택하기
문장을 읽고 본문의 내용과 일치하는지, 일치하지 않는지 판
단하여 O, X 중 하나를 선택하세요.

⭐ 핵심 어법 다지기

본문 중 핵심 어법 내용을 학습합니다. 주어진 예문을 반복하
여 읽으며 학습하면 더욱 효과적입니다.

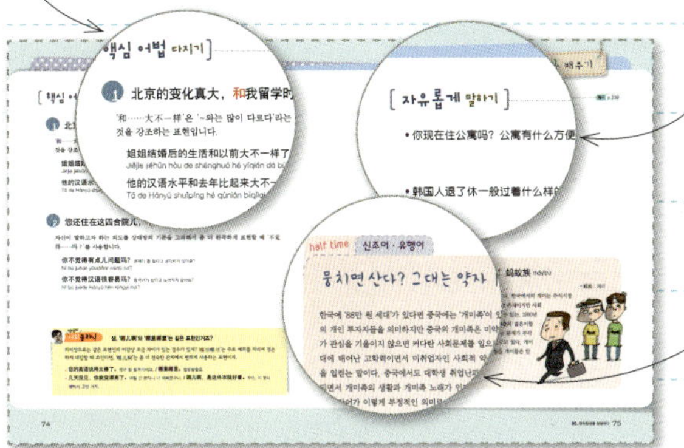

⭐ 자유롭게 말하기

과에서 학습한 내용을 토대로 제시된 질문에 자유롭게 말하
기 연습을 해 보세요.

⭐ 신조어 · 유행어

쉬어가는 코너로, 가볍게 읽기만해도 신조어와 유행어를 익
히고 중국의 최신 문화 현상을 이해할 수 있습니다.

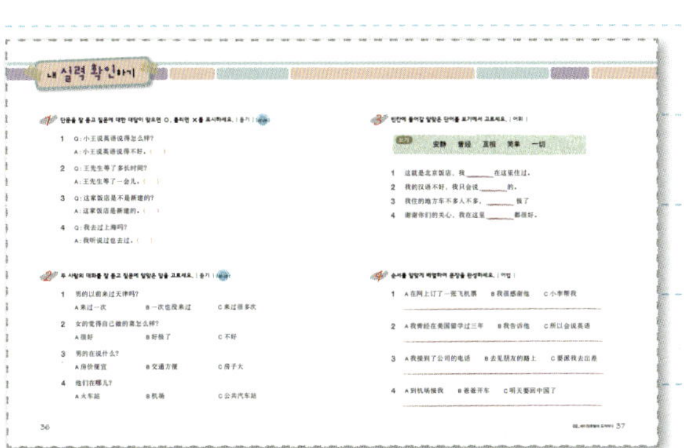

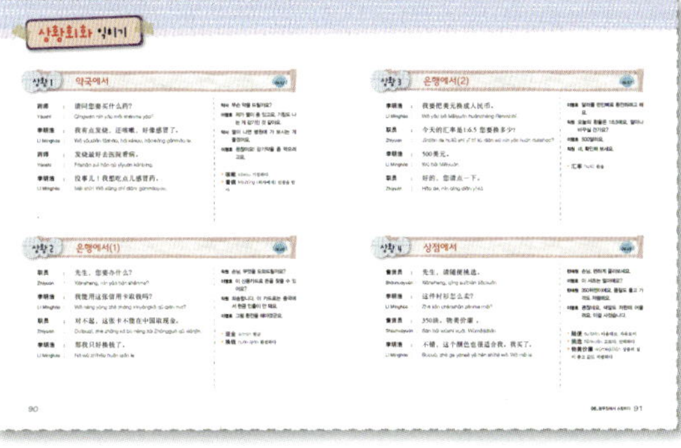

상황 회화 익히기

4가지 상황, 4문장 회화를 통해 현지회화 응용 표현을
익힙니다.

내 실력 확인하기

과에서 학습한 내용을 듣기와 어휘, 어법 영역 문제를
통해 최종 정리해 봅니다.

중국 어디서도 두렵지 않은 현지 생생회화

학습을 마치고 덤으로 배우는 표현입니다. 각 과의
주제와 관련된 생생회화 10문장을 익혀 중국 현지
에서 적극 활용해 보세요.

⭐ 이 책의 고유명사 표기는 다음과 같습니다.

① 중국의 지명·기관·관광명소의 명칭 등은 중국어 발음을 한국어로 표기하는 것을 원칙으로 하였습니다.
단, 우리에게 널리 알려진 고유명사의 경우에는 한자 독음으로 표기하였습니다.

> 예 北京 → 베이징, 长城 → 만리장성

② 인명의 경우, 각 나라에서 실제로 읽히는 발음을 기준으로 발음을 표기하였습니다.

> 예 李明浩 → 이명호, 柳芳 → 리우팡

등장 인물 소개

李明浩 Lǐ Mínghào
이명호
한국인, 남. 회사에서 베이징으로 출장을 갔다가 출장업무를 마친 뒤 상하이에 있는 친구 '리우팡'을 만나러 간다.

刘芳 Liú Fāng
리우팡
중국인, 여. 이명호와 베이징에서 함께 공부했던 동창생으로, 현재는 상하이에서 일하고 있다.

王助理 Wáng zhùlǐ
왕 비서
중국인, 여. '중화기업(中华企业)'의 직원.

李总 Lǐ zǒng
이 사장
중국인, 남. '중화기업'의 사장.

杨老师 Yáng lǎoshī
양 교수
중국인, 여. 이명호의 베이징 유학시절 선생님.

01

이 대리, 베이징에 출장 가다

내 이름은 이명호입니다. 나는 한국회사의 대리예요.
오늘 나는 회사 일로 베이징에 출장을 가게 되었는데, 약간 긴장이 됐어요.
내가 탈 비행기는 오전 9시에 출발하는 중국 둥팡항공 5088편입니다.
비행기 출발 두 시간 전에 나는 인천공항에 도착했습니다.
비행기가 이륙한 지 얼마 안 돼 간식과 음료가 제공됐어요.
베이징과 서울은 시차가 있어서 시계를 한 시간 늦게 맞췄습니다.
베이징 시간으로 10시가 안 되어 나는 베이징 서우두공항에 무사히 도착했죠.
새로 지은 이 공항은 크고 넓었으며 아주 웅장하고 현대적이었습니다.

● 중국 둥팡항공

● **서울과 베이징의 시차, 1시간**

중국과 우리나라의 시차는 1시간이다. 중국이 우리나라보다 1시간이 늦어 우리가 오전 9시면 중국은 오전 8시이다. 중국의 국토면적에 비례하자면 정상적으로 5개의 다른 시간대가 있어야 함에도 불구하고, 전국적으로 일률적인 '베이징 표준시간'을 사용하고 있다.(단, 신장위구르자치구 예외)

● **베이징 서우두국제공항**

중국 제일의 국제공항으로, 이전에는 두 개의 터미널로 이용되었으나 2008년 베이징 올림픽 개최에 맞춰 세 번째 터미널인 'T3'을 개장하였다.

🔵 신(新) 공항청사, T3

새로 설계된 T3은 900,000제곱미터의 세계 최대 규
모를 자랑한다. 하루 3천명씩 길을 잃는다는 말이 나
올 정도로 규모가 웅대하고, 동선이 복잡한 편이다.

🔵 입국심사대

비행기 착륙장소는 2층으로, 입국심사대가 있는 3층
까지 이동해야 한다.

🔵 수화물 벨트

입국심사대를 통과한 후 1층으로 내려가면 수화물 컨베
이어 벨트가 보인다. 해당 수화물을 전광판에서 확인하
고 찾으면 된다.

🔵 공항 버스

베이징 서우두국제공항과 베이징 시내 사이를 왕복하는
5개 노선의 공항 버스가 매일 운행되고 있다. 운행간격
은 30분이고 탑승료는 16元(2010년 기준)이다.

독해 실력 키우기

이명호의 이야기 01-01

我叫李明浩。是韩国公司的代理。
Wǒ jiào Lǐ Mínghào. Shì Hánguó gōngsī de dàilǐ.

今天公司派*我去北京出差，我有点儿紧张。
Jīntiān gōngsī pài wǒ qù Běijīng chūchāi, wǒ yǒudiǎnr jǐnzhāng.

我坐的飞机是上午九点的中国东航5088次班机。
Wǒ zuò de fēijī shì shàngwǔ jiǔ diǎn de Zhōngguó DōngHáng wǔ líng bā bā cì bānjī.

飞机起飞两个小时前，我就到了仁川机场。
Fēijī qǐfēi liǎng ge xiǎoshí qián, wǒ jiù dào le Rénchuān jīchǎng.

起飞不久，开始提供点心和饮料。
Qǐfēi bùjiǔ, kāishǐ tígōng diǎnxīn hé yǐnliào.

北京和首尔有时差，我把手表调慢了一小时*。
Běijīng hé Shǒu'ěr yǒu shíchā, wǒ bǎ shǒubiǎo tiáo màn le yì xiǎoshí.

北京时间不到十点，我顺利地*到达了北京首都机场。
Běijīng shíjiān búdào shí diǎn, wǒ shùnlì de dàodá le Běijīng Shǒudū jīchǎng.

这新建的机场又大又宽，很宏伟！很现代！
Zhè xīn jiàn de jīchǎng yòu dà yòu kuān, hěn hóngwěi! Hěn xiàndài!

 본문을 읽고 직접 해석해 보고, p.12에서 확인하세요.

새 단어 01-02

代理 dàilǐ 대리[직급] / 派 pài 파견하다, 맡기다 / 出差 chūchāi 출장 가다 / 东航 DōngHáng 둥팡항공공사('东方航空公司'의 줄임말) / 班机 bānjī 정기 항공편 / 起飞 qǐfēi 이륙하다 / 提供 tígōng 제공하다, 공급하다 / 时差 shíchā 시차 / 调 tiáo 조정하다, 조절하다 / 顺利 shùnlì 순조롭다 / 北京首都机场 Běijīng Shǒudū Jīchǎng 베이징 서우두공항 / 宽 kuān 넓다, 드넓다 / 宏伟 hóngwěi 웅장하다, 웅대하다 / 现代 xiàndài 현대

★ 派 : '(~을) 파견하다'라는 뜻의 동사로, '派我去北京出差'는 '나를 베이징으로 출장 보내다.' 라는 의미이다.

★ 我把手表调慢了一小时 : 把자문 형식으로, 동사 '调' 뒤에 결과보어 구문 '慢了一小时'가 오면 목적어인 '手表'가 강조되어 동사 앞으로 나올 수가 있다. 즉 '시계를 한 시간 느리게 맞췄다.'라는 뜻이다.

★ 顺利地 : '순조롭다'의 뜻인 형용사 '顺利'가 부사로 사용될 때는 뒤에 조사 '地'가 필요하다.

Q&A　본문 읽고 대답하기

정답 p.235

1 李明浩是学生还是上班族?
→

2 李明浩今天坐飞机去哪儿? 为什么?
→

3 李明浩坐哪一班飞机? 几点起飞?
→

4 李明浩几点到了仁川机场?
→

5 北京和韩国有没有时差? 差几个小时?
→

 01-03

（李明浩第一次去北京出差，他上了飞机。）

李明浩　：　请问，这个座位在哪儿？
Lǐ Mínghào：　Qǐngwèn, zhè ge zuòwèi zài nǎr?

空姐　　：　我看一下儿您的登机牌……那儿，靠窗的[1]。
Kōngjiě　：　Wǒ kàn yíxiàr nín de dēngjīpái……nàr, kào chuāng de.

李明浩　：　能不能再给我一条毯子？
Lǐ Mínghào：　Néng bu néng zài gěi wǒ yì tiáo tǎnzi?

空姐　　：　好的，请稍等。
Kōngjiě　：　Hǎo de, qǐng shāo děng.

李明浩　：　麻烦你了！
Lǐ Mínghào：　Máfan nǐ le!

空姐　　：　您还需要什么吗[2]？
Kōngjiě　：　Nín hái xūyào shénme ma?

李明浩　：　不用了，谢谢你。
Lǐ Mínghào：　Bú yòng le, xièxie nǐ.

空姐　　：　不客气，请系好安全带，飞机马上要起飞了。
Kōngjiě　：　Bú kèqi, qǐng jì hǎo ānquándài, fēijī mǎshàng yào qǐfēi le.

새 단어  01-04 ······································

座位 zuòwèi 좌석 / 登机牌 dēngjīpái 탑승권 / 靠 kào 기대다 / 毯子 tǎnzi 담요 / 系 jì 묶다, 매다 / 安全带 ānquándài 안전벨트

(이명호가 처음으로 베이징 출장을 가며 비행기에 탔다.)

이명호 :   이 좌석은 어디예요?

스튜어디스 :   탑승권 좀 보여주세요. 저쪽, 창가입니다.

이명호 :   담요 한 장 더 주실 수 있어요?

스튜어디스 :   네, 잠시만 기다리세요.

이명호 :   좀 부탁합니다.

스튜어디스 :   더 필요하신 게 있나요?

이명호 :   아니요, 감사합니다.

스튜어디스 :   천만에요, 안전벨트 착용해 주십시오.
　　　　　　　비행기가 곧 이륙할 예정입니다.

O/X 본문 읽고 선택하기

정답 p.235

1　李明浩拿着登机牌，自己找到了座位。　O　×

2　李明浩的座位不是靠窗的，是靠走道的。　O　×

3　李明浩向空姐要了一条毯子和一杯咖啡。　O　×

4　飞机要起飞了，空姐让李明浩系好安全带。　O　×

① 我看一下儿您的登机牌……那儿，靠窗的。

동사 '靠'는 '기대다'라는 뜻으로, 좌석의 위치를 구분할 때 '靠窗的'라고 하면 '창가 쪽', '靠走道(zǒudào 보도)的'라고 하면 '복도 쪽'을 가리킵니다.

靠窗那儿有很多漂亮的花儿。 창가 쪽에 예쁜 꽃이 많이 있어요.
Kào chuāng nàr yǒu hěn duō piàoliang de huār.

我喜欢靠东边儿的房子。 나는 동쪽으로 위치한 집을 좋아해요.
Wǒ xǐhuan kào dōngbiānr de fángzi.

② 您还需要什么吗?

의문대사가 사용된 문장에서는 일반적으로 의문조사 '吗'를 사용하지 않지만, 의문대사와 '吗'가 문장에서 함께 쓰이면 이때는 '의문대사 의문문'이 아니라, 동작 행위 및 상태의 여부를 묻는 '吗 의문문'이 됩니다.

你去哪儿吗? 너 어디 가니? 〈가는지, 안 가는지 여부를 물음〉
Nǐ qù nǎr ma?

是的，我有事儿要出去。 그래. 일이 있어서 좀 나가려고.
Shì de, wǒ yǒu shìr yào chūqu.

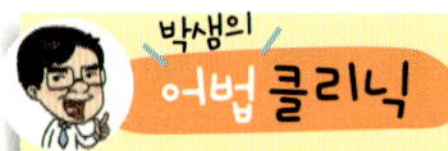

샘, '中文系'에서 '系'의 발음은 'xì'인데, '请系好安全带'에서 '系'의 발음은 'jì'가 되네요?

'系'와 같은 글자를 '多音字(duōyīnzì)'라고 해. 여러 개의 발음으로 읽히며 각기 다른 뜻을 나타내는 글자를 뜻하지. '系'가 '(안전벨트를) 매다'라는 뜻의 동사로 쓰일 때는 'jì'로 발음해야 맞아.

[자유롭게 말하기]

예시 p.235

- 你最近坐飞机去过哪儿? 停留了多久? 是去旅游还是留学还是出差的?

- 飞机里一般提供什么? 哪些食品? 哪些饮料?

---

half time 신조어·유행어

화성으로 돌아가라고? | 回火星去吧 huí huǒxīng qù ba

* 火星 : 화성

바야흐로 첨단과학의 시대, 디카와 노트북은 기본이고 스마트폰, I-pod, I-pad, PMP 등 과거에는 상상할 수도 없었던 놀라운 제품들이 하루가 다르게 쏟아져 나온다. 하지만, 이런 시대의 변화와 유행에 따라가지 못하는 사람도 많은데 우리는 그들을 '원시인'이라고 부른다. 중국에서는 조금 우회적으로 표현한다. "你回火星去吧." 유행에 뒤처지는 것도 서러운데, 화성으로 돌아가라니, 조금은 슬퍼지는 말이기도 하다. 현대인들이여, 화성으로 쫓겨나지 않으려면 부단히 노력하라!

상황 1 — 기내에서(1) 

空姐	:	您要吃鸡肉饭还是牛肉饭?
Kōngjiě	:	Nín yào chī jīròufàn háishi niúròufàn?
李明浩	:	我要鸡肉的。
Lǐ Mínghào	:	Wǒ yào jīròu de.
空姐	:	好的，请慢用。
Kōngjiě	:	Hǎo de, qǐng mànyòng.
李明浩	:	谢谢你。
Lǐ Mínghào	:	Xièxie nǐ.

스튜어디스 닭고기 덮밥을 드시겠습니까, 소고기 덮밥을 드시겠습니까?

이명호 닭고기 덮밥으로 주세요.

스튜어디스 네, 천천히 드십시오.

이명호 감사합니다.

▶ 鸡肉饭 jīròufàn 닭고기 덮밥
▶ 牛肉饭 niúròufàn 소고기 덮밥
▶ 慢用 mànyòng 천천히 많이 드세요

상황 2 — 기내에서(2) 

空姐	:	您要喝点儿果汁儿吗?
Kōngjiě	:	Nín yào hē diǎnr guǒzhīr ma?
李明浩	:	除了果汁儿，还有别的吗?
Lǐ Mínghào	:	Chú le guǒzhīr, hái yǒu bié de ma?
空姐	:	矿泉水、啤酒、咖啡都有。
Kōngjiě	:	Kuàngquánshuǐ、píjiǔ、kāfēi dōu yǒu.
李明浩	:	我要一杯咖啡！
Lǐ Mínghào	:	Wǒ yào yì bēi kāfēi!

스튜어디스 주스 좀 드시겠습니까?

이명호 주스 말고 다른 것은 없나요?

스튜어디스 생수, 맥주, 커피 다 있습니다.

이명호 커피 한 잔 주세요.

▶ 矿泉水 kuàngquánshuǐ 생수, 광천수

입국심사(1)

工作人员　　：　请给我看一下儿您的护照。
Gōngzuò rényuán : Qǐng gěi wǒ kàn yíxiàr nín de hùzhào.

李明浩　　　：　好的，给您。
Lǐ Mínghào　　：　Hǎo de, gěi nín.

工作人员　　：　您的入境目的是什么?
Gōngzuò rényuán : Nín de rùjìng mùdì shì shénme?

李明浩　　　：　我是来出差的。
Lǐ Mínghào　　：　Wǒ shì lái chūchāi de.

직원 여권 좀 보여주십시오.

이명호 네, 여기요.

직원 입국 목적이 무엇입니까?

이명호 출장 왔습니다.

▶ 护照 hùzhào 여권
▶ 入境 rùjìng 입국하다
▶ 目的 mùdì 목적

입국심사(2)

工作人员　　：　您打算停留多长时间?
Gōngzuò rényuán : Nín dǎsuan tíngliú duōcháng shíjiān?

李明浩　　　：　我要待十天。
Lǐ Mínghào　　：　Wǒ yào dāi shí tiān.

工作人员　　：　入境卡上怎么没写电话号码呢?
Gōngzuò rényuán : Rùjìngkǎ shang zěnme méi xiě diànhuà hàomǎ ne?

李明浩　　　：　不好意思，我忘了。
Lǐ Mínghào　　：　Bùhǎoyìsi, wǒ wàng le.

직원 얼마 동안 계실 예정입니까?

이명호 열흘 동안 머무르려고 해요.

직원 입국카드에 왜 전화번호를 쓰지 않으셨어요?

이명호 죄송해요, 깜빡했어요.

▶ 停留 tíngliú 머물다, 체류하다
▶ 待 dāi 머물다, 묵다
▶ 入境卡 rùjìngkǎ 입국카드

1 단문을 잘 듣고 질문에 대한 대답이 맞으면 ○, 틀리면 ✕를 표시하세요. | 듣기 |  01-09

1 Q : 首尔现在是上午9点，上海是几点？

A : 上海是上午10点。（　　）

2 Q : 飞机起飞了没有？

A : 飞机还没起飞。（　　）

3 Q : 小李去美国的入境目的是什么？

A : 小李去美国看朋友。（　　）

4 Q : 飞机提供果汁儿吗？

A : 飞机不提供果汁儿。（　　）

2 두 사람의 대화를 잘 듣고 질문에 알맞은 답을 고르세요. | 듣기 |  01-10

1 男的这次出差几天？

A 三天　　　　　　　　B 五天　　　　　　　　C 七天

2 他们在哪儿？

A 汽车上　　　　　　　B 飞机上　　　　　　　C 船上

3 男的可能喝什么？

A 咖啡或茶　　　　　　B 果汁或茶　　　　　　C 咖啡或可乐

4 男的的座位在哪儿？

A 靠走道的　　　　　　B 中间的　　　　　　　C 靠窗的

 빈칸에 들어갈 알맞은 단어를 보기에서 고르세요. | 어휘 |

보기   提供   马上   除了   紧张   需要

1 冰箱里 ＿＿＿＿ 西瓜以外，还有香蕉和苹果。

2 你稍等一下，我 ＿＿＿＿ 过去。

3 你有什么 ＿＿＿＿ 的，请打电话给我。

4 我第一次和中国人说汉语的时候非常 ＿＿＿＿。

순서를 알맞게 배열하여 문장을 완성하세요. | 어법 |

1 A 我坐了一个小时公交车　　B 朋友住得很远　　C 才到他家

＿＿＿＿＿＿＿＿＿＿＿＿＿＿＿＿＿＿＿＿＿＿＿＿＿＿

2 A 没有调手表　　B 我不知道　　C 中国和韩国有时差

＿＿＿＿＿＿＿＿＿＿＿＿＿＿＿＿＿＿＿＿＿＿＿＿＿＿

3 A 他的座位是靠窗的　　B 不是靠走道的　　C 小王看错了登机牌

＿＿＿＿＿＿＿＿＿＿＿＿＿＿＿＿＿＿＿＿＿＿＿＿＿＿

4 A 打算停留一个月　　B 不是来出差的　　C 我是来旅游的

＿＿＿＿＿＿＿＿＿＿＿＿＿＿＿＿＿＿＿＿＿＿＿＿＿＿

scene#1 | **공항** `01-11`

1 중국민항의 체크인 데스크는 어디에 있습니까?
中国民航的柜台在哪儿? Zhōngguó mínháng de guìtái zài nǎr?

2 어디에서 탑승수속을 하나요?
在哪儿办登机手续? Zài nǎr bàn dēngjī shǒuxù?

3 몇 시에 탑승수속을 시작하나요?
几点开始办登机手续? Jǐ diǎn kāishǐ bàn dēngjī shǒuxù?

4 몇 시에 탑승할 수 있나요?
几点可以上飞机? Jǐ diǎn kěyǐ shàng fēijī?

5 베이징행 둥팡항공은 몇 번 게이트입니까?
去北京的东航在几号登机口? Qù Běijīng de DōngHáng zài jǐ hào dēngjīkǒu?

6 제 짐은 모두 두 개예요.
我的行李一共有两件。 Wǒ de xíngli yígòng yǒu liǎng jiàn.

7 제 짐이 몇 킬로그램 초과했나요?
我的行李超重了几公斤? Wǒ de xíngli chāozhòng le jǐ gōngjīn?

8 이 가방은 제가 가지고 탈 거예요.
这个包儿我要随身携带。 Zhè ge bāor wǒ yào suíshēn xiédài.

9 창가 쪽 좌석을 주세요.
请给我靠窗的座位。 Qǐng gěi wǒ kào chuāng de zuòwèi.

10 이 비행기는 몇 시에 베이징에 도착하나요?
这班飞机几点到北京? Zhè bān fēijī jǐ diǎn dào Běijīng?

02 베이징 호텔에 도착하다

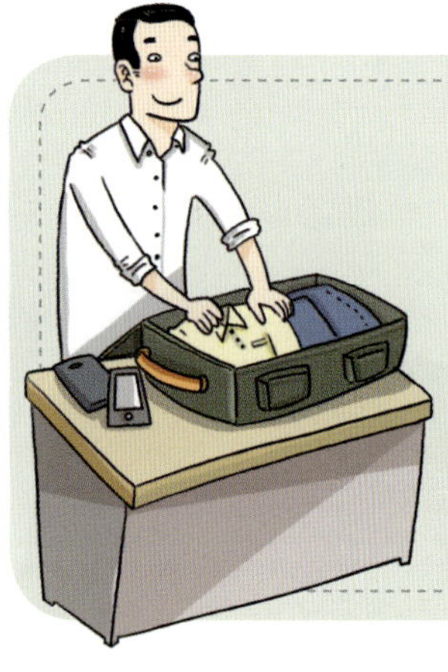

중화기업의 **왕 비서**가 차로 마중 나와 주었습니다.
우리는 초면이었죠. 명함을 교환하고 서로 인사를 나눴어요.
호텔로 가는 길에 왕 비서는 내가 중국어를 잘한다고 칭찬해 주었어요.
나는 예전에 베이징에서 일 년 넘게 공부한 적이 있다고 알려 주었습니다.
왕 비서는 나를 위해 베이징호텔에 룸 하나를 예약해 놓았죠.
베이징호텔은 오랜 역사를 가진 유서 깊은 호텔이에요.
천안문 동쪽에 자리하고 있고 교통이 매우 편리합니다.
호텔의 서비스와 시설도 매우 좋아서 만족스러웠습니다.

中国汽车工业进出口总公司
CHINA NATIONAL AUTOMOTIVE INDUSTRY IMP. & EXP. CORP.

www.chinacaiec.com

宋 庆 丰
Song Qingfeng

副总裁
Vice President

中国·北京北四环中路 265 号 100083
Add: No. 265 Beisihuan Zhonglu,
Beijing 100083, China

电话 Tel: (010) 0637
传真 Fax: (010) 0688 0588
电邮 E-mail: caie @public3.bta.net.cn

◉ 명함으로 보는 중국 기업 정보

중국의 모든 기업의 명칭은 공상행정관리국(工商行政管理局)의 비준을 받아야 사용할 수 있다. 따라서 명함에 있는 기업의 명칭에 '중국(中国)' '중화(中华)' '국제(国际)'란 단어가 들어가 있다면 중국을 대표할 수 있는 전국적인 규모를 갖춘 대형기업임을 의미한다.

이와 함께 회사 명칭에 '集团公司' 들어가 있다면 자회사를 거느린 '그룹 회사'이고, '股分有限公司'로 표기되어 있다면 '주식회사'이므로 역시 상대적으로 신용도가 높은 기업으로 판단할 수 있다.

◉ 베이징호텔

베이징 시내 중심부인 창안지에(长安街)와 왕푸징(王府井) 쇼핑거리에 인접한 베이징호텔은 100여 년의 역사와 전통을 자랑하는 호텔이다. 천안문(天安门) 광장으로부터 도보로 약 5분 거리이다.

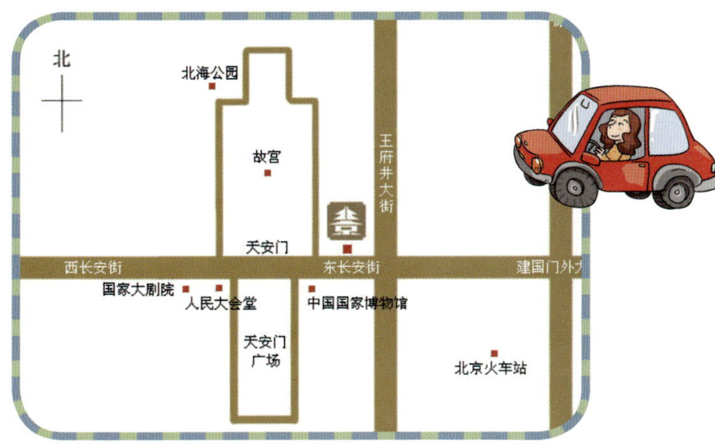

◉ 베이징 주요 명승지

고궁, 천안문, 인민대회당, 국가대극원, 중국국가박물관 등 베이징 중심부에 주요 명승지가 근접하여 있다.

◉ 천안문 광장

약 100만 명이 집회 및 행사를 할 수 있는, 세계에서 도시 가운데 있는 가장 큰 광장이다. 5.4운동, 천안문 사태 등 중국 현대사의 굵직굵직한 사건이 벌어졌던 곳이기도 하다.

◉ 천안문

천안문은 500년의 역사를 가진 건축물로, 1949년 10월 1일 이곳에서 마오쩌둥(毛泽东)이 중화인민공화국의 건국을 선언하였으며 현재는 중국의 상징으로 여겨진다. 모두 5개의 문이 있는데 가운데 문 위에는 마오쩌둥의 대형 초상화가 걸려 있다.

이명호의 이야기 *02-01*

中华公司的王助理开车来接我。
Zhōnghuá gōngsī de Wáng zhùlǐ kāichē lái jiē wǒ.

我们初次见面，交换了名片，互相问候。
wǒmen chūcì jiànmiàn, jiāohuàn le míngpiàn, hùxiāng wènhòu.

去饭店的路上，王助理夸我的汉语说得好。
Qù fàndiàn de lùshang, Wáng zhùlǐ kuā wǒ de Hànyǔ shuō de hǎo.

我告诉她我曾经*在北京学过一年多。
Wǒ gàosu tā wǒ céngjīng zài Běijīng xué guo yì nián duō.

王助理在北京饭店帮我订了一个房间，
Wáng zhùlǐ zài Běijīng Fàndiàn bāng wǒ dìng le yí ge fángjiān,

北京饭店是一家*百年老店，
Běijīng Fàndiàn shì yì jiā bǎinián lǎodiàn,

就在天安门东边儿，交通很方便，
jiù zài Tiān'ānmén dōngbianr, jiāotōng hěn fāngbiàn,

饭店的服务和设施也不错，我很满意。
fàndiàn de fúwù hé shèshī yě búcuò, wǒ hěn mǎnyì.

 본문을 읽고 직접 해석해 보고, p.26에서 확인하세요.

새 단어 *02-02*

开车 kāichē 운전하다 / 接 jiē 맞이하다, 마중하다 / 初次 chūcì 처음, 첫 번째 / 交换 jiāohuàn 교환하다 / 名片 míngpiàn 명함 / 互相 hùxiāng 서로, 상호 / 问候 wènhòu 안부를 묻다 / 夸 kuā 칭찬하다 / 曾经 céngjīng 이전에, 이미 / 北京饭店 Běijīng Fàndiàn 베이징호텔 / 订 dìng 예약하다, 주문하다 / 天安门 Tiān'ānmén 천안문, 티엔안먼 / 服务 fúwù 봉사하다, 서비스하다 / 设施 shèshī 시설 / 满意 mǎnyì 만족하다

28

★ 曾经 : 동사 뒤에 조사 '过'를 붙여 과거 경험을 표현할 수 있는데, 이때 앞에 부사 '曾经'이 자주 사용된다. '曾经……过'와 '已经……了'를 비교해보자.

曾经去过上海。 예전에 상하이에 가 본 적이 있다.
已经去了上海。 이미 상하이에 갔다. 〈현재 상하이에 있음.〉

★ 一家 : 양사로 쓰였으며, '一家百年老店'은 백 년 정도의 역사가 있는 오래된 식당이나 상점, 호텔을 나타낸다.

Q&A 본문 읽고 대답하기

정답 p.235

1 谁来机场接李明浩?
→

2 王助理和李明浩见面以后干什么了?
→

3 李明浩在哪儿学过汉语? 学了多长时间?
→

4 北京饭店是一家新饭店吗?
→

5 北京饭店在哪儿? 交通方便吗?
→

🎧 02-03

（李明浩走出机场，中华公司的王助理来接他。）

王助理 ： 请问，您是不是从韩国来的李明浩先生？
Wáng zhùlǐ: Qǐngwèn, nín shì bu shì cóng Hánguó lái de Lǐ Mínghào xiānsheng?

李明浩 ： 是的。你是中华公司的王助理吧？
Lǐ Mínghào: Shì de. Nǐ Shì Zhōnghuá gōngsī de Wáng zhùlǐ ba?

王助理 ： 没错儿。欢迎您来到北京，这是我的名片。
Wáng zhùlǐ: Méicuòr. Huānyíng nín lái dào Běijīng, zhè shì wǒ de míngpiàn.

李明浩 ： 你好，王助理！请多指教！
Lǐ Mínghào: Nǐ hǎo, Wáng zhùlǐ! Qǐng duō zhǐjiào!

王助理 ： 您辛苦了，一路上都好吧？
Wáng zhùlǐ: Nín xīnkǔ le, yí lùshang dōu hǎo ba?

李明浩 ： 一切都很顺利。不好意思，让您久等了。
Lǐ Mínghào: Yíqiè dōu hěn shùnlì. Bùhǎoyìsi, ràng nín jiǔ děng le.

王助理 ： 别客气！车在外边儿，我帮您拿行李吧？
Wáng zhùlǐ: Bié kèqi! Chē zài wàibiānr, wǒ bāng nín ná xíngli ba?

李明浩 ： 不用了，行李不重。感谢您来接我。
Lǐ Mínghào: Bú yòng le, xíngli bú zhòng. Gǎnxiè nín lái jiē wǒ.

새 단어 🎧 02-04

助理 zhùlǐ 보좌관, 비서 / 指教 zhǐjiào 가르침을 주다, 지도 편달 바라다 / 辛苦 xīnkǔ 고생스럽다, 수고스럽다 / 不好意思 Bùhǎoyìsi 죄송합니다, 미안합니다 / 拿 ná (손으로) 쥐다, 잡다 / 行李 xíngli 짐, 여행짐

(이명호가 출국장으로 나오자 중화기업의 왕 비서가 마중 나와있다.)

왕 비서 : 한국에서 오신 이명호 씨이신가요?

이명호 : 네. 중화기업의 왕 비서이십니까?

왕 비서 : 맞아요. 베이징에 오신 것을 환영합니다. 여기 제 명함이에요.

이명호 : 안녕하세요, 왕 비서님! 잘 부탁합니다.

왕 비서 : 고생하셨어요, 오시는 길은 편안하셨죠?

이명호 : 모두 순조로웠어요. 오래 기다리게 해서 죄송합니다.

왕 비서 : 아니에요. 차는 밖에 있어요. 제가 짐 좀 들어 드릴까요?

이명호 : 괜찮습니다. 무겁지 않아요. 마중 나와주셔서 고맙습니다.

 **본문 읽고 선택하기**

정답 p.236

1 中华公司的总经理到机场去接李明浩。　O　X

2 王助理一见到李明浩就给了他礼物。　O　X

3 王助理很晚到了机场。　O　X

4 李明浩没让王助理帮忙，自己拿行李。　O　X

① 没错儿。欢迎您来到北京，这是我的名片。

'错'는 명사로 '착오, 잘못', 형용사로 '나쁘다' '서투르다'의 뜻을 가지는데, 부정사와 결합해 새로운 단어를 만듭니다. 형용사 '没错(儿)'은 '틀림 없다, 확실하다'의 뜻이고, '不错'는 '좋다' '잘하다'라는 의미로 쓰입니다.

没错儿。你怎么知道的? 맞아요. 어떻게 아셨어요?
Méicuòr. Nǐ zěnme zhīdao de?

他说汉语说得很不错。 그는 중국어를 아주 잘합니다.
Tā shuō Hànyǔ shuō de hěn búcuò.

② 一切都很顺利。不好意思，让您久等了。

사역동사 '让'은 '~을 ~하게 하다'라는 뜻이며, 부정은 '让' 앞에 '不'를 씁니다.

对不起，让你担心了。 걱정을 끼쳐드려서 죄송합니다.
Duìbuqǐ, ràng nǐ dānxīn le.

妈妈不让我玩儿电脑游戏。 엄마는 내가 컴퓨터 게임을 못하게 합니다.
Māma bú ràng wǒ wánr diànnǎo yóuxì.

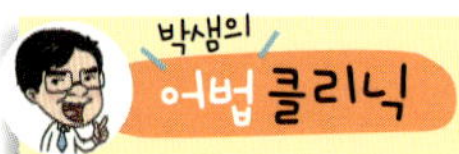

샘, '미안합니다'라는 뜻으로 '不好意思'라는 말을 자주 쓰는데, '对不起'와는 의미상 어떤 차이가 있나요?

'不好意思'는 남에게 작은 폐를 끼쳤을 때 습관적으로 예의상 쓰는 경우가 많아. '对不起'는 '不好意思'보다 사과의 어감이 강하고, 더 정식으로 사과할 때는 '抱歉(bàoqiàn)'이라는 표현도 있어. 만약 자신이 정말 잘못을 해서 사과를 한다면 '不好意思'보다는 '对不起'나 '抱歉'을 사용해야 하는 거지.

[자유롭게 말하기]

예시 p.236

- 和初次见面的人交换名片，名片上一般都写着什么?

- 你订饭店时，先看饭店的价格，还是设施，还是交通方不方便?

---

half time 　신조어 · 유행어

짝퉁도 경지에 오르면 명품? | 山寨 shānzhài

* 山寨 : 산채

'짝퉁이 경지에 올랐다.'라고 말하면 山寨현상을 충분히 설명할 수 있을까? 이 말은 광둥(广东)지역에서 제조된 모조 휴대전화를 가리키던 말에서 비롯되어 이제는 하나의 문화 현상을 지칭하는 말로 확대되었다. 유명 메이커 휴대전화의 외형을 복제하여 생산하다가 이후에는 점차 우수한 기능을 첨가하면서 '복제+창조'의 단계에까지 이르게 된 것이다. 놀라운 사실은 중국 휴대전화 시장에서 '山寨 휴대폰'이 30% 이상의 점유율을 보인다는 점이다. 이 정도라면 진품보다 나은 짝퉁이라고도 할 수 있지 않을까?

상황회화 익히기

상황 1 첫 만남 

王助理 ：	李先生您第一次来北京吗？
Wáng zhùlǐ :	Lǐ xiānsheng nín dì yī cì lái Běijīng ma?
李明浩 ：	不是？来过很多次了，以前还在北京学过汉语。
Lǐ Mínghào :	Búshì? lái guo hěn duō cì le, yǐqián hái zài Běijīng xué guo Hànyǔ.
王助理 ：	啊，难怪您的汉语说得这么好！
Wáng zhùlǐ :	À, nánguài nín de Hànyǔ shuō de zhème hǎo!
李明浩 ：	您过奖了，我只会说些简单的。
Lǐ Mínghào :	Nín guòjiǎng le, wǒ zhǐ huì shuō xiē jiǎndān de.

왕 비서 이 선생님, 베이징에는 처음 오신 건가요?

이명호 아니요, 여러 번 왔었어요. 전에 베이징에서 중국어를 배운 적도 있는 걸요.

왕 비서 아, 어쩐지 그래서 중국어를 이렇게 잘하셨군요!

이명호 과찬이세요, 간단한 말밖에 할 줄 몰라요.

▶ 难怪 nánguài 어쩐지, 과연

상황 2 호텔 로비에서 

李明浩 ：	我在韩国就听说过北京饭店。
Lǐ Mínghào :	Wǒ zài Hánguó jiù tīngshuō guo Běijīng Fàndiàn.
王助理 ：	是吗？北京饭店是一家百年老店。
Wáng zhùlǐ :	Shì ma? Běijīng Fàndiàn shì yì jiā bǎinián lǎodiàn.
李明浩 ：	听说这儿离天安门、王府井都不远，是吧？
Lǐ Mínghào :	Tīngshuō zhèr lí Tiān'ānmén、Wángfǔjǐng dōu bù yuǎn, shì ba?
王助理 ：	是的，这儿的交通挺方便的。
Wáng zhùlǐ :	Shì de, zhèr de jiāotōng tǐng fāngbiàn de.

이명호 한국에서 베이징호텔에 대해 들어 본 적 있어요.

왕 비서 그래요? 베이징호텔은 유서 깊은 호텔이에요.

이명호 듣자하니 이곳은 천안문과 왕푸징에서 멀지 않다던데요?

왕 비서 네, 이곳은 교통이 아주 편리합니다.

▶ 王府井 Wángfǔjǐng 왕푸징[지명]

예약 확인

王助理 Wáng zhùlǐ	:	我们预订了一个单人间。 Wǒmen yùdìng le yí ge dānrén jiān.
服务员 Fúwùyuán	:	我来帮您查一下，请告诉我您的姓名。 Wǒ lái bāng nín chá yíxià, qǐng gàosu wǒ nín de xìngmíng.
李明浩 Lǐ Mínghào	:	我想要一个安静点儿的房间，可以吗? Wǒ xiǎng yào yí ge ānjìng diǎnr de fángjiān, kěyǐ ma?
服务员 Fúwùyuán	:	没问题，能看一下您的护照吗? Méi wèntí, néng kàn yíxià nín de hùzhào ma?

왕 비서 싱글 룸을 하나 예약했어요.

직원 확인해 드리겠습니다. 성함이 어떻게 되시죠?

이명호 조용한 방으로 부탁합니다. 가능한가요?

직원 네, 여권 좀 보여주시겠어요?

▶ **预订** yùdìng 예약하다
▶ **单人** dānrén 일인, 한 사람
▶ **安静** ānjìng 조용하다

호텔 프런트에서

服务员 Fúwùyuán	:	先生，这是您的房卡，请拿好。 Xiānsheng, zhè shì nín de fángkǎ, qǐng ná hǎo.
李明浩 Lǐ Mínghào	:	电梯在哪儿? Diàntī zài nǎr?
服务员 Fúwùyuán	:	就在大厅左边儿。我们会帮您把行李送到房间的。 Jiù zài dàtīng zuǒbiānr. Wǒmen huì bāng nín bǎ xíngli sòng dào fángjiān de.
李明浩 Lǐ Mínghào	:	好的，谢谢。 Hǎo de, xièxie.

직원 선생님, 룸 카드를 받으세요.

이명호 엘리베이터는 어디 있나요?

직원 로비 좌측에 있어요. 저희가 짐을 방까지 옮겨 드리겠습니다.

이명호 네, 감사합니다.

▶ **电梯** diàntī 엘리베이터
▶ **大厅** dàtīng 로비, 홀

1 단문을 잘 듣고 질문에 대한 대답이 맞으면 ○, 틀리면 ✕를 표시하세요. | 듣기 | 02-09

1 Q : 小王说英语说得怎么样？

A : 小王说英语说得不好。（   ）

2 Q : 王先生等了多长时间？

A : 王先生等了一会儿。（   ）

3 Q : 这家饭店是不是新建的？

A : 这家饭店是新建的。（   ）

4 Q : 我去过上海吗？

A : 我听说过也去过。（   ）

2 두 사람의 대화를 잘 듣고 질문에 알맞은 답을 고르세요. | 듣기 |  02-10

1 男的以前来过天津吗？

A 来过一次　　　　　　B 一次也没来过　　　　　　C 来过很多次

2 女的觉得自己做的菜怎么样？

A 很好　　　　　　B 好极了　　　　　　C 不好

3 男的在说什么？

A 房价便宜　　　　　　B 交通方便　　　　　　C 房子大

4 他们在哪儿？

A 火车站　　　　　　B 机场　　　　　　C 公共汽车站

 **빈칸에 들어갈 알맞은 단어를 보기에서 고르세요.** | 어휘 |

> **보기**　安静　　曾经　　互相　　简单　　一切

1 这就是北京饭店，我 ＿＿＿＿＿ 在这里住过。

2 我的汉语不好，我只会说 ＿＿＿＿＿ 的。

3 我住的地方车不多人不多，＿＿＿＿＿ 极了

4 谢谢你们的关心，我在这里 ＿＿＿＿＿ 都很好。

순서를 알맞게 배열하여 문장을 완성하세요. | 어법 |

1　A 在网上订了一张飞机票　　B 我很感谢他　　C 小李帮我

____

2　A 我曾经在美国留学过三年　　B 我告诉他　　C 所以会说英语

____

3　A 我接到了公司的电话　　B 去见朋友的路上　　C 要派我去出差

____

4　A 到机场接我　　B 爸爸开车　　C 明天要回中国了

____

1 아무리 들어도 못 알아듣겠어요.
怎么听也听不懂。 *Zěnme tīng yě tīng bu dǒng.*

2 못 알아들었으니 다시 한번 얘기해 주세요.
我没听懂，请再说一遍。 *Wǒ méi tīng dǒng, qǐng zài shuō yí biàn.*

3 말하는 것은 문제없는데, 쓰는 것은 어려워요.
说的没问题，写的很难。 *Shuō de méi wèntí, xiě de hěn nán.*

4 말씀이 너무 빨라요. 조금 천천히 말씀해 주시겠어요?
您说得太快，请说慢点儿好吗? *Nín shuō de tài kuài, qǐng shuō màn diǎnr hǎo ma?*

5 중국인처럼 말하고 싶은데, 전 아직 멀었어요.
要想说得像中国人一样好，我还差得远呢。
Yào xiǎng shuō de xiàng Zhōngguó rén yíyàng hǎo, wǒ hái chà de yuǎn ne.

6 중국어를 오랫동안 배웠지만, 아직도 많이 어려워요.
学了很长时间汉语，还是觉得很难。
Xué le hěn cháng shíjiān Hànyǔ, háishi juéde hěn nán.

7 무슨 말을 해야 좋을지 모르겠어요.
真不知道该说些什么。 *Zhēn bùzhīdào gāi shuō xiē shénme.*

8 알아들을 수는 있는데, 어떻게 말해야 좋을지 모르겠어요.
我能听懂，但不知道怎么说好。 *Wǒ néng tīng dǒng, dàn bùzhīdào zěnme shuō hǎo.*

9 제가 틀리게 말하면 즉시 고쳐주세요.
如果我说错了，请马上帮我更正。
Rúguǒ wǒ shuō cuò le, qǐng mǎshang bāng wǒ gēngzhèng.

10 한국에서는 중국말을 할 기회가 많지 않아요.
在韩国说汉语的机会不多。 *Zài Hánguó shuō Hànyǔ de jīhuì bù duō.*

03

회의 일정을 상의하다

나는 왕 비서와 이번 일정에 대해 상의했습니다.
시간이 촉박하니 준비를 잘해야겠어요.
노트북을 켜고 회의 자료를 살펴본 뒤,
한국 본사로 이메일을 보내고 업무를 마무리했습니다.
나는 상하이에 있는 친구 리우팡과 인터넷 채팅을 하기 시작했어요.
우리는 예전 베이징대학교 동창이에요. 그녀는 나를 많이 도와주었었죠.
리우팡은 내가 이번에 상하이로 놀러 오기를 원해요.
나는 베이징에서의 업무가 다 끝나면 그녀를 만나러 갈 생각이에요.

🔵 중국의 인터넷 인구

중국 인터넷 인구는 현재 약 4억 명(2010년 기준)으로 한국의 약 8.9배에 달한다.

지난해 세계 1위로 뛰어오른 중국 인터넷 인구의 증가세는 여전히 폭발적으로, 하루에 평균 20만 명씩, 1년에 약 1억 명씩 증가하고 있다. 현재 중국의 인터넷 이용률은 전체 인구 중 약 30% 정도이다.

🔵 QQ메신저

우리나라에 네이트 메신저가 있다면, 중국에는 QQ메신저가 있다. 중국 인터넷 메신저 이용자 가운데 80% 이상이 QQ를 사용하고 있을 정도로 중국인이 가장 많이 쓰는 메신저이다.

🔵 QQ메신저 이용방법

홈페이지(http://www.qq.com) 들어가기 → 화면 왼쪽 상단의 'QQ软件(ruǎnjiàn, 프로그램)' 클릭 → 프로그램 다운로드 및 실행 → 회원가입 후 이용

중국의 PC방

18세 이상만 출입이 가능하며 입장 시 신분증을 제시해야 한다. 일반석, VIP석 등 좌석 등급에 따라 가격이 다르고, 선불로 충전하여 이용한다. 수 백 대의 컴퓨터를 갖춘 대형 PC방이 많다.

인터넷 포털사이트

중국의 대표적 인터넷 포털사이트는 바이두, 야후 차이나, 시나닷컴, 넷이지닷컴, 소후닷컴 등이 있다.

- 바이두 http://www.baidu.com
- 야후 차이나 http://cn.yahoo.com
- 시나닷컴 베이징 http://www.sina.com.cn
- 넷이지닷컴 http://www.163.com
- 소후닷컴 http://www.sohu.com

인터넷 문화 '인육검색(人肉搜索)'

'인육검색'은 중국의 인터넷 용어로, 네티즌 한 명이 특정인에 대한 질문을 게재하면 다수 네티즌이 그 특정인의 개인정보를 밝히는 것을 가리킨다. '인터넷 마녀사냥' 또는 '사이버 인민재판'으로도 불리며 표적인물이 정해지면 개인 생활이 초토화될 때까지 무차별적으로 공격하기도 해 사회문제로 비화되고 있다.

 이명호의 이야기 03-01

我和王助理商量好这次的日程安排，
Wǒ hé Wáng zhùlǐ shāngliang hǎo zhècì de rìchéng ānpái,

我觉得时间很紧，应该好好儿准备。
wǒ juéde shíjiān hěn jǐn, yīnggāi hǎohār zhǔnbèi.

我打开笔记本电脑看了看*会议资料，
Wǒ dǎkāi bǐjìběn diànnǎo kàn le kàn huìyì zīliào,

然后给韩国总公司发了邮件，工作都做完了。
ránhòu gěi Hánguó zǒng gōngsī fā le yóujiàn, gōngzuò dōu zuò wán le.

我开始在网上和上海的朋友刘芳聊天儿，
Wǒ kāishǐ zài wǎngshàng hé Shànghǎi de péngyou Liú Fāng liáotiānr,

我们以前是北大的同学，她帮过我很多*。
wǒmen yǐqián shì BěiDà de tóngxué, tā bāng guo wǒ hěn duō.

她希望我这次能去上海玩儿，
Tā xīwàng wǒ zhècì néng qù Shànghǎi wánr,

我打算等北京的工作一结束，就去看她。
wǒ dǎsuan děng Běijīng de gōngzuò yì jiéshù, jiù qù kàn tā.

▶ 본문을 읽고 직접 해석해 보고, p.40에서 확인하세요.

 새 단어 03-02

日程 rìchéng 일정 / 安排 ānpái 안배하다, 준비하다 / 笔记本电脑 bǐjìběn diànnǎo 노트북 컴퓨터 / 会议 huìyì 회의
/ 资料 zīliào 자료 / 结束 jiéshù 끝나다, 마치다

★ **看了看** : 동사를 중첩하여 사용하면 동사의 의미가 더욱 가벼워지는데, 완료형에서도 동사의
중첩이 가능하다. 이때는 '동사+了+동사'의 형식이다.

★ **她帮过我很多。** : '그녀가 나를 도와준 적이 많았다.'라는 뜻이다. '동사+过+양사+목적어'의
형식이 일반적이지만, 목적어가 사람일 경우에는 양사가 사람 앞에 쓰이지
못한다.

我去过两次美国。 나는 미국에 두 번 가 본 적이 있다.
他教过我一年汉语。 그는 나에게 1년 동안 중국어를 가르친 적이 있다.
他教过一年我汉语。(×)

Q&A 본문 읽고 대답하기

정답 p.236

1 李明浩和王助理商量什么?
→

2 李明浩做了哪些准备?
→

3 李明浩和朋友怎么聊天儿?
→

4 李明浩怎么认识刘芳的? 她对李明浩好吗?
→

5 李明浩打算什么时候去看刘芳?
→

03-03

（李明浩和王助理商量这次的日程安排。）

李明浩 ： 王助理，请问明天是怎么安排的?
Lǐ Mínghào： Wáng zhùlǐ, qǐng wèn míngtiān shì zěnme ānpái de?

王助理 ： 上午我们先到公司开会，然后参观工厂。
Wáng zhùlǐ： Shàngwǔ wǒmen xiān dào gōngsī kāihuì, ránhòu cānguān gōngchǎng.

李明浩 ： 看来明天的日程安排得很紧张呀。
Lǐ Mínghào： Kànlái míngtiān de rìchéng ānpái de hěn jǐnzhāng a.

王助理 ： 为了这次合作我们做了很多准备。
Wáng zhùlǐ： Wèi le zhècì hézuò wǒmen zuò le hěn duō zhǔnbèi.

李明浩 ： 听说这几天正在举办一个计算机展览会。
Lǐ Mínghào： Tīngshuō zhè jǐ tiān zhèngzài jǔbàn yí ge jìsuànjī zhǎnlǎnhuì.

王助理 ： 对，上星期五在国贸中心刚刚开始。
Wáng zhùlǐ： Duì, shàng xīngqīwǔ zài Guómào Zhōngxīn gānggāng kāishǐ.

李明浩 ： 我很感兴趣，有时间想去看看。
Lǐ Mínghào： Wǒ hěn gǎnxìngqù, yǒu shíjiān xiǎng qù kànkan.

王助理 ： 这次展览会有许多新产品值得去看。
Wáng zhùlǐ： Zhècì zhǎnlǎnhuì yǒu xǔduō xīnchǎnpǐn zhíde qù kàn.

새 단어 03-04

参观 cānguān 참관하다, 견학하다 / 工厂 gōngchǎng 공장 / 合作 hézuò 합작하다, 협력하다 / 举办 jǔbàn 거행하다, 개최하다 / 展览会 zhǎnlǎnhuì 전람회 / 国贸中心 Guómào Zhōngxīn 국제무역센터 / 值得 zhíde ~할 만한 가치가 있다

(이명호가 왕 비서와 이번 일정에 대해 상의하다.)

이명호 : 왕 비서님, 내일 일정이 어떻게 되죠?

왕 비서 : 오전에 먼저 회사에 가서 회의하고, 그 후에 공장을 참관할 거예요.

이명호 : 내일의 일정이 매우 바쁠 것 같네요.

왕 비서 : 이번 합작을 위해 저희는 많은 준비를 했어요.

이명호 : 요 며칠 컴퓨터 전람회가 열린다고 들었어요.

왕 비서 : 네, 저번 주 금요일에 국제무역센터에서 막 시작했어요.

이명호 : 흥미롭네요. 시간 있으면 한번 가보고 싶어요.

왕 비서 : 이번 전람회에는 볼만한 신상품들이 많이 있어요.

본문 읽고 선택하기

정답 p.237

1 王助理告诉李明浩明天的安排是先参观工厂再开会。　O　×

2 中华公司为这次合作做了很多准备。　O　×

3 国贸中心的计算机展览会，在上周五已经结束了。　O　×

4 李明浩对计算机展览会没兴趣。　O　×

1 **为了**这次合作我们做了很多准备。

'为了'는 '~을 위하여'라는 뜻의 개사로, 문장 앞에 나오는 경우가 많습니다. 간혹 상황을 먼저 표현하고 그 뒤에 '为了'가 나올 때는 '为了' 앞에 '是'를 씁니다.

为了这次考试，我几天没睡好。 이번 시험을 위해서 며칠 동안 잠을 잘 못 잤어요.
Wèi le zhè cì kǎoshì, wǒ jǐ tiān méi shuì hǎo.

我这么说是为了你好。 내가 이렇게 말하는 건 다 너를 위해서야.
Wǒ zhème shuō shì wèi le nǐ hǎo.

2 这次展览会有许多新产品**值得**去看。

동사 '值得'는 '~할 만하다' '~할 가치가 있다'의 뜻을 나타냅니다.

这本书值得花时间看。 이 책은 시간을 투자해서 볼 만한 가치가 있어요.
Zhè běn shū zhíde huā shíjiān kàn.

上海七浦路有很多值得买的东西。 상하이 치푸루에는 살 만한 것들이 아주 많아요.
Shànghǎi Qīpǔlù yǒu hěn duō zhíde mǎi de dōngxi.

박샘의 어법 클리닉 샘, '刚刚'과 '刚才(gāngcái)'는 의미상 어떤 차이가 있나요?

두 단어 모두 '방금, 막'이라는 뜻이 있어서 학생들이 많이 혼동하지. 간단히 말하자면 품사가 서로 달라. '刚刚'은 시간부사로, 동작이나 상황의 발생이 현재로부터 얼마 안 되었음을 나타내지. 반면 '刚才'는 '今天' '明天'과 같은 시간명사로, 말하고 있는 시점에서 얼마 지나지 않은 가까운 과거를 의미해. 헷갈리면 문장을 보고 익혀두자.

- 我也刚刚回家。 나도 막 집에 왔어. / 我也刚才回家。(✕)
- 我也是刚才回家的。 나도 아까 집에 왔어.

[자유롭게 말하기]

예시 p.237

- 现代人不写信常发邮件。请说一说发邮件和写信的不同。

- 你有什么事情不能马上决定的时候，常找谁商量？为什么？

---

half time　신조어·유행어

바쁜 척하는 직장인 | 裝忙族 zhuāngmángzú

* 裝 : ~인 체하다　* 族 : 무리, 족

퇴근시간이 되어도 퇴근하지 않고, 책상 위에는 온갖 서류 뭉치들이 쌓여 있는 사무실 풍경. 중국 직장인들 사이에 '裝忙族'가 대세이다. 우리말로 '바쁜 척, 일 많은 척하는 무리'라는 뜻이다. 직장에서 출세하거나 쫓겨나지 않으려는 직장인들, 또는 사업상 잘 나가는 척 허세를 부리려는 사람들 사이에서도 크게 유행하고 있다. 실제론 바쁘지 않아도 바쁜 것처럼 보여야 능력 있는 것으로 인정받고 체면도 살릴 수 있다는 생각에서 나온 신조어이다.

중국인들 특유의 느긋함을 지칭하는 만만디(慢慢地) 문화를 싫어하는 외국계 기업에서 생겨나기 시작한 '裝忙族'는 이제 중국의 어느 곳에서나 쉽게 볼 수 있는 부류가 되었다.

상황 1   회의 준비(1) 

李明浩 :	明天的会议资料能发给我吗？我想提前看一下。
Lǐ Mínghào :	Míngtiān de huìyì zīliào néng fā gěi wǒ ma? Wǒ xiǎng tíqián kàn yíxià.
王助理 :	我已经发给您了。
Wáng zhùlǐ :	Wǒ yǐjing fā gěi nín le.
李明浩 :	好的。我现在去看看。
Lǐ Mínghào :	Hǎo de. Wǒ xiànzài qù kànkan.
王助理 :	如果您还有什么需要，可以随时打电话给我。
Wáng zhùlǐ :	Rúguǒ nín hái yǒu shénme xūyào, kěyǐ suíshí dǎ diànhuà gěi wǒ.

이명호 내일 회의 자료 좀 보내주시겠어요? 미리 한번 보려고요.

왕 비서 이미 보내 드렸는데요.

이명호 네, 지금 바로 보겠습니다.

왕 비서 더 필요하신 게 있으시면, 아무 때라도 저에게 전화하세요.

▶ 提前 tíqián （예정된 시간·위치를) 앞당기다
▶ 随时 suíshí 언제나, 아무 때나

상황 2   회의 준비(2) 

王助理 :	天不早了，您今天早点儿休息吧。
Wáng zhùlǐ :	Tiān bù zǎo le, nín jīntiān zǎo diǎnr xiūxi ba.
李明浩 :	不了，我还得为明天的工作做些准备。
Lǐ Mínghào :	Bù le, wǒ hái děi wèi míngtiān de gōngzuò zuò xiē zhǔnbèi.
王助理 :	您对工作真是太认真了。
Wáng zhùlǐ :	Nín duì gōngzuò zhēnshi tài rènzhēn le.
李明浩 :	哪里，这是我应该做的！
Lǐ Mínghào :	Nǎ li, zhè shì wǒ yīnggāi zuò de!

왕 비서 늦었네요, 오늘은 일찍 쉬세요.

이명호 아니에요. 내일 일을 위해 좀 더 준비해야 해요.

왕 비서 정말 열심히 일하시는 군요.

이명호 뭘요, 당연히 해야 할 일인 걸요.

▶ 认真 rènzhēn 진지하다, 착실하다

상황 3 — 인터넷 채팅(1)

刘芳 ： 李明浩！好久没联系了！最近忙吗？
Liú Fāng ： Lǐ Mínghào! Hǎojiǔ méi liánxì le! Zuìjìn máng ma?

李明浩 ： 有点儿忙，我现在在北京出差呢。
Lǐ Mínghào ： Yǒudiǎnr máng, wǒ xiànzài zài Běijīng chūchāi ne.

刘芳 ： 真的？事情办完了没有？
Liú Fāng ： Zhēn de? Shìqing bàn wán le méiyǒu?

李明浩 ： 还没呢，今天刚到，明天才开始！
Lǐ Mínghào ： Hái méi ne, jīntiān gāng dào, míngtiān cái kāishǐ!

리우팡 이명호! 오랜만이야! 요즘 바쁘니?

이명호 조금 바빠, 나 지금 베이징에 출장 와 있어.

리우팡 정말? 일은 다 끝났니?

이명호 아직 아니야. 오늘 막 도착해서 내일부터 시작이야!

▶ **联系** liánxì 연락하다, 연결하다
▶ **办** bàn 처리하다, 하다

상황 4 — 인터넷 채팅(2)

刘芳 ： 这次来中国待几天？
Liú Fāng ： Zhècì lái Zhōngguó dāi jǐ tiān?

李明浩 ： 十天左右吧。
Lǐ Mínghào ： Shí tiān zuǒyòu ba.

刘芳 ： 我们好几年没见了，真希望能跟你见个面。
Liú Fāng ： Wǒmen hǎo jǐ nián méi jiàn le, zhēn xīwàng néng gēn nǐ jiàn ge miàn.

李明浩 ： 等工作结束了，我可以去上海看你。
Lǐ Mínghào ： Děng gōngzuò jiéshù le, wǒ kěyǐ qù Shànghǎi kàn nǐ.

리우팡 이번에 중국에 며칠 있을 거야?

이명호 열흘 정도 있을 거야.

리우팡 우리 몇 년이나 못 만났는데, 만날 수 있었으면 정말 좋겠다.

이명호 일이 끝나면 상하이로 널 보러 길 수도 있어.

 **단문을 잘 듣고 질문에 대한 대답이 맞으면 ○, 틀리면 ✕를 표시하세요.** | 듣기 |  03-09

1 Q : 我到公司后先发邮件还是先打电话?

A : 我要先打电话。(　　)

2 Q : 王小姐怎么和朋友聊天儿?

A : 王小姐打电话和朋友聊天。(　　)

3 Q : 我为什么不能和朋友见面?

A : 因为朋友家很远。(　　)

4 Q : 我什么时候可以接电话?

A : 我什么时候都可以接电话。(　　)

 **두 사람의 대화를 잘 듣고 질문에 알맞은 답을 고르세요.** | 듣기 |  03-10

1 现在是什么时候?

A 早上　　　　　　　B 中午　　　　　　　C 晚上

2 男的明天有什么安排?

A 出差　　　　　　　B 开会　　　　　　　C 考试

3 男的为什么没看完书?

A 不想看　　　　　　B 没时间看　　　　　C 看过了

4 男的怎么考了第一名?

A 做了准备　　　　　B 考试很容易　　　　C 不知道

 **빈칸에 들어갈 알맞은 단어를 보기에서 고르세요.** | 어휘 |

联系　　然后　　感兴趣　　商量　　结束

1 下班回家后，我先吃饭 ＿＿＿＿＿ 看电视。

2 今天的会议几点开始几点 ＿＿＿＿＿ ？

3 我喜欢吃中国菜，我对中国的小吃很 ＿＿＿＿＿ 。

4 你今晚有空儿吗？我想和你 ＿＿＿＿＿ 一件事儿。

순서를 알맞게 배열하여 문장을 완성하세요. | 어법 |

1　A 我打算　　B 就和朋友一起去看电影　　C 一做完工作

＿＿＿＿＿＿＿＿＿＿＿＿＿＿＿＿＿＿＿＿＿＿＿＿＿＿＿＿＿

2　A 为了明天的会议　　B 一起商量到很晚　　C 我和小王

＿＿＿＿＿＿＿＿＿＿＿＿＿＿＿＿＿＿＿＿＿＿＿＿＿＿＿＿＿

3　A 一定要去看看　　B 我对这次的汽车展览会很有兴趣　　C 有时间的话

＿＿＿＿＿＿＿＿＿＿＿＿＿＿＿＿＿＿＿＿＿＿＿＿＿＿＿＿＿

4　A 我这次出差　　B 可能不能和你见面了　　C 时间太紧

＿＿＿＿＿＿＿＿＿＿＿＿＿＿＿＿＿＿＿＿＿＿＿＿＿＿＿＿＿

1 제 명함에 있는 전화로 연락해 주세요.
请打我名片上的电话。 Qǐng dǎ wǒ míngpiàn shang de diànhuà.

2 이메일 첨부 파일을 다시 한번 확인해 보세요.
请再确认一下伊妹儿附件。 Qǐng zài quèrèn yíxià yīmèir fùjiàn.

3 당신이 나에게 보낸 파일을 찾지 못하겠어요.
我找不到您发给我的文件。 Wǒ zhǎo bu dào nín fā gěi wǒ de wénjiàn.

4 오후에 팩스로 보내드려도 될까요?
下午给你发传真可以吗? Xiàwǔ gěi nǐ fā chuánzhēn kěyǐ ma?

5 제가 받은 팩스가 분명하지 않아요. 이메일로 다시 한번 보내주세요.
我收到的传真不太清楚，请用伊妹儿再发一次，好吗?
Wǒ shōudào de chuánzhēn bú tài qīngchu, qǐng yòng yīmèir zài fā yí cì, hǎo ma?

6 일정표에 착오가 있는 것 같아요.
日程表上好像有错误。 Rìchéngbiǎo shang hǎoxiàng yǒu cuòwù.

7 무슨 문제가 생기면 언제든지 말씀해 주세요.
如果有什么问题，请随时找我。 Rúguǒ yǒu shénme wèntí, qǐng suíshí zhǎo wǒ.

8 휴대전화가 꺼져 있어서 당신의 문자 메시지를 못 봤어요.
我的手机关机了，所以没看到你的短信。
Wǒ de shǒujī guānjī le, suǒyǐ méi kàn dào nǐ de duǎnxìn.

9 구체적인 내용은 좀 이따가 메신저로 이야기해요.
具体的内容，我们待会儿上网谈吧。
Jùtǐ de nèiróng, wǒmen dāi huìr shàngwǎng tán ba.

10 미안하지만 오늘 스케줄이 이미 꽉 차 있어요.
很抱歉，我今天的日程已经排满了。
Hěn bàoqiàn, wǒ jīntiān de rìchéng yǐjing pái mǎn le.

04 중화기업을 참관하다

아침 일찍, 왕 비서가 호텔로 데리러 와서 함께 회사로 갔습니다.
회사 동료들을 소개해 주었는데, 그들 모두 나를 환영해 주었어요.
오전에 우리는 함께 회의를 했고 나는 진지하게 신상품 소개를 들었어요.
그리고 나서 공장을 참관했는데, 공장은 매우 크고 새로 지은 것이었어요.
오후에는 국제무역센터에 가서 컴퓨터 전람회를 구경했습니다.
그곳에는 중국의 신개발 상품이 많이 있었어요.
오늘은 매우 피곤했지만 많은 것을 얻었습니다.
중국의 컴퓨터 기술의 발전이 이렇게나 빠를 줄은 생각지 못했어요.

베이징 상업중심지(CBD)

영어로 CBD(Central Businees District의 약자)라고도 하는 상업중심지는 금융, 경제, 문화 등의 관련 업체와 사무실, 아파트, 빌딩 등의 시설이 갖춰져 모든 인프라가 집중된 핵심 지역을 말한다. 베이징 CBD는 1993년 국무원의 비준을 거쳐 계획적으로 건설되었으며, 현대화된 베이징의 모습을 한눈에 볼 수 있는 곳이다.

중국 기업

에너지, 통신사 등 국가 기관 산업을 담당하는 기업을 제외하고는 중국에는 이미 과거와 같이 국가가 소유하고 직접 경영하는 형태의 국영기업이 존재하지 않는다. 국유기업(国有企业)은 나라가 소유권은 가지고 있지만, 경영은 사장의 자주적 능력으로 운영되는 기업을 말하고, 민영기업(民营企业)은 개인이나 영리단체가 설립, 운영하는 기업으로 현재 중국 경제는 민영기업을 통해 세계 무대로 발전해 가고 있다.

★ 중국 10대 기업
1. 중국석유화학공업그룹(中国石油化工集团公司)
2. 중국석유천연가스그룹(中国石油天然气集团公司)
3. 국가전력망회사(国家电网公司)
4. 중국공상은행(中国工商银行股份有限公司)
5. 중국이동통신그룹(中国移动通信集团公司)
6. 중국건설은행(中国建设银行股份有限公司)
7. 중국생명보험그룹(中国人寿保险集团公司)
8. 중국은행(中国银行股份有限公司)
9. 중국농업은행(中国农业银行股份有限公司)
10. 중국중화그룹(中国中化集团公司)

중국 대표 브랜드

국제무역센터

이명호의 이야기 *04-01*

一大早，王助理来饭店接我去公司，
Yí dà zǎo, Wáng zhùlǐ lái fàndiàn jiē wǒ qù gōngsī,

还给我介绍了她的同事，他们都很欢迎我。
hái gěi wǒ jièshào le tā de tóngshì, tāmen dōu hěn huānyíng wǒ.

上午，我们一起开会，我认真地*听了新产品的介绍，
Shàngwǔ, wǒmen yìqǐ kāihuì, wǒ rènzhēn de tīng le xīn chǎnpǐn de jièshào,

然后参观了工厂，工厂很大很新。
ránhòu cānguān le gōngchǎng, gōngchǎng hěn dà hěn xīn.

下午，我去国贸中心看了计算机展览，
Xiàwǔ, wǒ qù Guómào Zhōngxīn kàn le jìsuànjī zhǎnlǎn,

那儿有很多中国新开发的产品。
nàr yǒu hěn duō Zhōngguó xīn kāifā de chǎnpǐn.

今天虽然很累，可是收获很大，
Jīntiān suīrán hěn lèi, kěshì shōuhuò hěn dà,

没想到*中国的计算机技术发展得这么快。
méixiǎngdào Zhōngguó de jìsuànjī jìshù fāzhǎn de zhème kuài.

 본문을 읽고 직접 해석해 보고, p.54에서 확인하세요.

새 단어 *04-02*

同事 tóngshì 동료 / 开会 kāihuì 회의를 하다 / 开发 kāifā 개발하다 / 收获 shōuhuò 수확, 성과 / 技术 jìshù 기술

★ **认真地** : '认真'은 형용사로 '진지하다' '성실하다'의 뜻이지만, 뒤에 '地'가 나오면 '진지하게' '성실하게'라는 의미의 부사로 쓰인다. 구어체에서는 부사로 쓰일 때도 '地'를 생략할 때가 많다.

　　他很认真(地)学汉语。 그는 열심히 중국어를 공부해요. 〈부사〉
　　他学汉语学得很认真。 그는 중국어를 열심히 공부해요. 〈형용사〉

★ **没想到** : 동사 '想' 뒤에 결과보어 '到'가 나온 형식이다. '想到了'의 부정형으로, '没想到'는 '생각지 못했다' '뜻밖이다'라는 의미이다.

Q&A　본문 읽고 대답하기

정답 p.237

1 王助理给李明浩介绍了谁?
　➜

2 上午，李明浩做了什么?
　➜

3 李明浩什么时候参观了工厂?
　➜

4 李明浩去哪儿看计算机展览?
　➜

5 李明浩觉得中国的计算机技术怎么样?
　➜

04-03

（李明浩参观中华公司的工厂。）

李总 : 欢迎您来我们工厂参观。
Lǐ zǒng : Huānyíng nín lái wǒmen gōngchǎng cānguān.

李明浩 : 工厂真不小！
Lǐ Mínghào : Gōngchǎng zhēn bù xiǎo!

李总 : 这是我们新建的厂房，有两千多平方米❶呢。
Lǐ zǒng : Zhè shì wǒmen xīn jiàn de chǎngfáng, yǒu liǎng qiān duō píngfāngmǐ ne.

李明浩 : 大概有多少员工呢?
Lǐ Mínghào : Dàgài yǒu duōshao yuángōng ne?

王助理 : 一共有一千多名员工。
Wáng zhùlǐ : Yígòng yǒu yì qiān duō míng yuángōng.

李总 : 我们工厂的生产力比去年提高了两倍。
Lǐ zǒng : Wǒmen gōngchǎng de shēngchǎnlì bǐ qùnián tígāo le liǎng bèi.

李明浩 : 贵公司的名声早就传到了韩国。
Lǐ Mínghào : Guì gōngsī de míngshēng zǎojiù chuándào le Hánguó.

李总 : 不敢当❷。来！我们再去那边看看吧！
Lǐ zǒng : Bùgǎndāng. Lái! Wǒmen zài qù nàbiān kànkan ba!

 새 단어 *04-04*

厂房 chǎngfáng 공장 건물 / 平方米 píngfāngmǐ 제곱미터, 평방미터 / 大概 dàgài 대략적인, 대강의 / 员工 yuángōng 종업원 / 生产力 shēngchǎnlì 생산력 / 倍 bèi 배, 곱절 / 名声 míngshēng 명성 / 早就 zǎojiù 벌써, 일찌기 / 传 chuán 전파하다, 퍼지다 / 不敢当 bùgǎndāng (상대방의 칭찬에 대해) 천만의 말씀입니다, 송구스럽습니다

O/X 본문 읽고 선택하기

정답 p.237

1 中华公司的工厂是十年前建的。　O　×

2 中华公司的工厂不大，只有两千多平方米。　O　×

3 中华公司工厂的生产力，去年比今年高两倍。　O　×

4 李明浩在韩国就听说过中华公司。　O　×

1 这是我们新建的厂房，有两千多平方米呢。

'平方米'는 면적을 나타내는 단위로, '제곱미터'입니다. '제곱 킬로미터'는 '平方公里'라고 합니다.

北京的面积是16800多平方公里。
Běijīng de miànjī shì yí wàn liù qiān bā bǎi duō píngfāng gōnglǐ.
베이징의 면적은 16,800여 제곱 킬로미터(km²)이다.

我家的房子是125平方米。
Wǒ jiā de fángzi shì yì bǎi èrshí wǔ píngfāngmǐ.
우리 집은 125제곱미터(m²)이다.

2 不敢当。来！我们再去那边看看吧！

'不敢当'은 남에게 칭찬의 말을 들었을 때, 예의상 '천만의 말씀입니다' '과찬입니다'라고 겸손하게 답하는 표현입니다. 이때 '不敢不敢'이라고 가볍게 표현할 수도 있어요.

您可是我们的贵客。 당신은 우리의 귀빈입니다.
Nín kěshì wǒmen de guìkè.

不敢当。 천만의 말씀입니다(황송합니다).
Bùgǎndāng.

早就听说您的大名了。 일찍부터 당신의 존함을 들었습니다.
Zǎojiù tīngshuō nín de dàmíng le.

不敢不敢。 과찬이십니다.
Bùgǎn bùgǎn.

[자유롭게 말하기]

예시 p.238

- 如果可以的话，你想参观哪家公司的工厂？为什么？

- 去中国留学或出差工作时，应该做好哪些准备？

---

half time | 신조어 · 유행어

능력 없는 바다거북이? | 海龟 hǎiguī

＊海龟 : 바다거북

중국 유명 감독 펑샤오강(冯小刚)의 영화 '비성물요'를 보면 미국 유학파 출신인 주인공이 인터넷 구혼 광고 게시판에 "저는 능력 없는 海龟입니다."라고 표현하는 대목이 있다. 뜬금없이 '海龟'가 웬 말? 여기서 '海龟'는 '海归(해외에서 귀국한 유학파 출신)'라는 단어와 발음과 성조가 같아서 해외 유학파 출신들이 농담처럼 말하다가 유행하게 된 신조어이다.

원문은 '三无伪海龟(세 가지 중 아무것도 없는 바다거북)'인데, 여기에서 '세 가지'는 회사, 주식, 학위를 가리키며, '유학을 했음에도 불구하고 회사, 주식, 학위 그 어느 것도 갖추지 못한 무능력한 유학파'라는 뜻이 내포되어 있다.

상황1 동료 소개 

王助理 ： 这位是从韩国来的李先生。
Wáng zhùlǐ ： Zhè wèi shì cóng Hánguó lái de Lǐ xiānsheng.

李明浩 ： 大家好，我是李明浩，幸会幸会。
Lǐ Mínghào ： Dàjiā hǎo, wǒ shì Lǐ Mínghào, xìnghuì xìnghuì.

同事 ： 久仰久仰，李先生。请您多指教。
Tóngshì ： Jiǔyǎng jiǔyǎng, Lǐ xiānsheng. Qǐng nín duō zhǐjiào.

李明浩 ： 你们太客气啦。
Lǐ Mínghào ： Nǐmen tài kèqi la.

왕 비서 이분은 한국에서 오신 이 선생님입니다.

이명호 여러분, 안녕하세요, 저는 이명호입니다. 만나서 반갑습니다.

동료 말씀 많이 들었어요. 잘 부탁합니다.

이명호 별말씀을요.

▶ **幸会** xìnghuì 만나 뵙게 되어 영광입니다
▶ **久仰** jiǔyǎng 경모해 온 지 아주 오래입니다

상황2 회의 중 

李总 ： 马部长，请你介绍一下我们的新产品。
Lǐ zǒng ： Mǎ bùzhǎng, qǐng nǐ jièshào yíxià wǒmen de xīn chǎnpǐn.

马部长 ： 请看会议资料的第五页，我来说明一下。
Mǎ bùzhǎng ： Qǐng kàn huìyì zīliào de dì wǔ yè, wǒ lái shuōmíng yíxià.

李总 ： 李先生，您还有其他问题吗？
Lǐ zǒng ： Lǐ xiānsheg, nín hái yǒu qítā wèntí ma?

李明浩 ： 没什么问题。能让我看一下样品吗？
Lǐ Mínghào ： Méi shénme wèntí. Néng ràng wǒ kàn yíxià yàngpǐn ma?

이 사장 마 부장, 우리 신상품을 좀 소개해 주시죠.

마 부장 회의 자료의 5쪽을 봐주세요. 설명 드리겠습니다.

이 사장 이 선생님, 다른 질문 있으세요?

이명호 질문 없습니다. 샘플을 좀 보여 주시겠어요?

▶ **部长** bùzhǎng 부장[직책], 각 부서의 책임자
▶ **页** yè 쪽, 페이지
▶ **样品** yàngpǐn 샘플, 견본

공장 참관 후

| 李总 | : | 李先生，看了我们的工厂，感觉怎么样？ |
| Lǐ zǒng | : | Lǐ xiānsheng, kàn le wǒmen de gōngchǎng, gǎnjué zěnmeyàng? |

| 李明浩 | : | 没想到工厂的规模这么大，设备也很先进。 |
| Lǐ Mínghào | : | Méixiǎngdào gōngchǎng de guīmó zhème dà, shèbèi yě hěn xiānjìn. |

| 李总 | : | 我们还会继续改善，希望能和贵公司长期合作。 |
| Lǐ zǒng | : | Wǒmen hái huì jìxù gǎishàn, xīwàng néng hé guì gōngsī chángqī hézuò. |

| 李明浩 | : | 能有这样的机会，我们感到很荣幸。 |
| Lǐ Mínghào | : | Néng yǒu zhè yàng de jīhuì, wǒmen gǎndào hěn róngxìng. |

이 사장 이 선생님, 우리 공장을 둘러보신 소감이 어떻습니까?

이명호 공장 규모가 이렇게 클 거라고 생각 못했고, 시설도 굉장히 앞서 있네요.

이 사장 우리는 계속 개선해 나갈 거예요. 귀사와 장기적으로 합작하기를 바랍니다.

이명호 이런 기회를 주셔서 영광입니다

▶ **先进** xiānjìn 선진의, 남보다 앞선
▶ **改善** gǎishàn 개선하다, 개량하다
▶ **荣幸** róngxìng 매우 영광스럽다

전람회에서

| 李明浩 | : | 这产品的设计挺独特的。 |
| Lǐ Mínghào | : | Zhè chǎnpǐn de shèjì tǐng dútè de. |

| 参展商 | : | 这是我们公司的最新款。 |
| Cānzhǎnshāng | : | Zhè shì wǒmen gōngsī de zuì xīnkuǎn. |

| 李明浩 | : | 这种技术好像在市场上不太常见吧？ |
| Lǐ Mínghào | : | Zhè zhǒng jìshù hǎoxiàng zài shìchǎng shang bú tài cháng jiàn ba? |

| 参展商 | : | 对，那是因为我们利用了最新的技术。 |
| Cānzhǎnshāng | : | Duì, nà shì yīnwèi wǒmen lìyòng le zuì xīn de jìshù. |

이명호 이 제품의 디자인은 참 독특하군요.

전시자 이것은 우리 회사의 최신 상품입니다.

이명호 이런 기술은 시장에서 잘 볼 수 없던 것 같은데요.

전시자 맞습니다. 우리가 최신 기술을 사용했기 때문이죠.

▶ **设计** shèjì 설계, 디자인
▶ **独特** dútè 독특하다, 특별하다
▶ **新款** xīnkuǎn 새로운 스타일

 단문을 잘 듣고 질문에 대한 대답이 맞으면 ○, 틀리면 ✕를 표시하세요. | 듣기 |  04-09

1 Q : 我觉得这电影有没有意思?

A : 我觉得这电影没有意思。(　　)

2 Q : 我买的衣服贵不贵?

A : 我买的衣服一点儿也不贵。(　　)

3 Q : 我们工厂的生产力这个月高还是上个月高?

A : 我们工厂的生产力这个月高。

4 Q : 工厂的规模大不大?

A : 工厂的规模很大。(　　)

 두 사람의 대화를 잘 듣고 질문에 알맞은 답을 고르세요. | 듣기 |  04-10

1 男的觉得电影怎么样?

A 没想过　　　　　　B 很有意思　　　　　　C 没什么意思

2 女的为什么觉得累?

A 做了很多工作　　　B 玩了很长时间　　　　C 开会开了很长时间

3 小王和张丽常见面吗?

A 第一次见面　　　　B 第二次见面　　　　　C 常见面

4 哪个不是经理明天的安排?

A 参加会议　　　　　B 参观工厂　　　　　　C 看展览

3  빈칸에 들어갈 알맞은 단어를 보기에서 고르세요. | 어휘 |

> **보기**　　虽然　　没想到　　认真　　早就　　大概

1 汉语 ＿＿＿＿＿ 很难，但是很有意思。

2 他在中国工作，＿＿＿＿＿ 两年半了。

3 你还不知道吗？我 ＿＿＿＿＿ 知道了。

4 ＿＿＿＿＿ 她唱得像歌手一样这么好。

4 순서를 알맞게 배열하여 문장을 완성하세요. | 어법 |

1　A 下次我还要再来　　B 味道这么好　　C 没想到这家餐厅的菜

＿＿＿＿＿＿＿＿＿＿＿＿＿＿＿＿＿＿＿＿＿＿＿＿＿＿

2　A 和朋友聊天　　B 然后打开电脑　　C 我到家以后给哥哥打了电话

＿＿＿＿＿＿＿＿＿＿＿＿＿＿＿＿＿＿＿＿＿＿＿＿＿＿

3　A 这次旅行虽然很累　　B 我很开心　　C 但是能和朋友们一起玩儿

＿＿＿＿＿＿＿＿＿＿＿＿＿＿＿＿＿＿＿＿＿＿＿＿＿＿

4　A 设计得很独特　　B 这件衣服　　C 在市场上卖得很好

＿＿＿＿＿＿＿＿＿＿＿＿＿＿＿＿＿＿＿＿＿＿＿＿＿＿

scene#4 | 구매 상담  *04-11*

1 저는 귀사의 신제품에 관심이 많습니다.
我对贵公司的新产品非常感兴趣。
Wǒ duì guì gōngsī de xīn chǎnpǐn fēicháng gǎnxìngqù.

2 좀 더 상세한 자료를 보여주세요.
我想看一下更详细的资料。 Wǒ xiǎng kàn yíxià gèng xiángxì de zīliào.

3 한국어로 된 설명서가 있습니까?
有没有韩文说明书? Yǒu méiyǒu Hánwén shuōmíngshū?

4 제품 견본과 카탈로그가 있습니까?
有没有样品和目录? Yǒu méiyǒu yàngpǐn hé mùlù?

5 다른 디자인도 좀 보여주세요.
可以给我看一下其它的设计吗? Kěyǐ gěi wǒ kàn yíxià qítā de shèjì ma?

6 좀 구체적으로 설명해 주시겠어요?
请具体说明一下，可以吗? Qǐng jùtǐ shuōmíng yíxià, kěyǐ ma?

7 그럼 이제 가격에 대해 상의합시다.
那我们现在讨论一下价格问题吧。 Nà wǒmen xiànzài tǎolùn yíxià jiàgé wèntí ba.

8 죄송하지만 이 조건은 받아들일 수가 없습니다.
很抱歉，这方面我们不能让步。 Hěn bàoqiàn, zhè fāngmiàn wǒmen bùnéng ràngbù.

9 주문을 많이 하면 가격을 할인해 줄 수 있습니까?
如果订得多，价格可以再便宜吗? Rúguǒ dìng de duō, jiàgé kěyǐ zài piányi ma?

10 우선 500개를 주문하겠습니다.
我们先订五百个。 Wǒmen xiān dìng wǔ bǎi ge.

05 만리장성을 관광하다

베이징은 역사 깊은 도시이고 가볼 만한 곳이 아주 많아요.
예를 들면 만리장성, 이화원, 천안문, 고궁박물원, 천단 등이 있어요.
오늘은 특별한 계획이 없어서 시간을 내어 둘러보고 싶었어요. "만리장성에 오르지 않으면
대장부가 아니다."라고 하며, 이 사장님이 왕 비서에게 나와 함께 만리장성에 가라고 했어요.
저녁에는 나의 유학시절 중국어 선생님이셨던 양 교수님을 방문했어요.
선생님은 치엔먼 부근 골목의 사합원에 사세요. 사합원은 아파트와 비교하면 생활이
그다지 편리하진 않지만, 그래도 옛 베이징의 정취를 느낄 수가 있지요.
나는 선생님을 모시고 찻집에 가서 차를 마시며 많은 옛 이야기를 나누었어요.

◎ 만리장성

'인류 최대의 토목공사'라고 불리는 만리장성은 중국 역대 왕조들이 북
방민족의 침입을 막기 위해서 세운 방어용 성벽이다. 만리장성이 현재
위치에 처음 축성된 것은 6세기 북제(北齐) 시대이고, 이후 명(明)나라
때 총 길이 2,700㎞에 이르는 현재의 규모와 모습을 갖추게 되었다. 북
방민족인 만주족이 세운 청(清) 왕조에서는 군사적 가치가 없어 방치되
다가, 중화인민공화국 때 관광 목적으로 보수되어 지금에 이르고 있다.
성벽은 높이 6~9m, 평균 폭은 위쪽 4.5m, 아래쪽 9m이다. 100여 m 간
격으로 망루를 설치하고, 군대를 주둔시켰다.

◎ 不到长城非好汉

마오쩌둥의 휘호. '만리장성에 오르지
않으면 대장부가 아니다.'

이화원

서태후가 애용했던 것으로 유명한 중국 최대 규모의 황실 정원. 거대한 인공호수인 쿤밍후(昆明湖)와 쿤밍후를 조성할 때 파낸 흙을 쌓아 만든 60m 높이의 완셔우산(万寿山)이 유명하다.

후통

베이징 전통가옥 밀집지역의 좁은 골목길을 일컫는다. 현재는 도시화 개발에 의해 거의 사라지고 일부만 보존되어 관광지로 주목받고 있다.

라오서 차관

중국의 저명한 작가 라오서(老舍)의 이름을 딴 전통 찻집. 경극, 만담, 변검, 서커스 등 각종 공연과 함께 차와 식사를 할 수 있다.

사합원

중국 전통의 정원식 가옥으로, 가운데 마당을 중심으로 사방을 건물로 둘러싼 사각형 구조이다.

고궁박물관(자금성)

베이징시의 중심에 위치한 명·청대의 황궁으로, 총 9,999개의 방이 있는 세계에서 가장 큰 고대 궁전 건축물이다.

 **이명호의 이야기** 05-01

北京是一个古都，有很多地方值得去看，
Běijīng shì yí ge gǔdū, yǒu hěn duō dìfang zhíde qù kàn,

比如说*长城、颐和园、天安门、故宫、天坛什么的。
bǐrú shuō Chángchéng、Yíhéyuán、Tiān'ānmén、Gùgōng、Tiāntán shénme de.

今天没什么特别的安排，我抽出时间*想去逛逛，
Jīntiān méi shénme tèbié de ānpái, wǒ chōu chū shíjiān xiǎng qù guàngguang,

"不到长城非好汉"，李总让王助理陪我一起去爬长城。
"Bú dào Chángchéng fēi hǎohàn", Lǐ zǒng ràng Wáng zhùlǐ péi wǒ yìqǐ qù pá Chángchéng.

晚上我去拜访了杨老师，她是我留学时的中文老师。
Wǎnshang wǒ qù bàifǎng le Yáng lǎoshī, tā shì wǒ liúxué shí de Zhōngwén lǎoshī.

她住在前门附近的胡同里，是一个四合院儿，
Tā zhù zài qiánmén fùjìn de hútòng li, shì yí ge Sìhéyuànr,

和公寓比起来*生活不太方便，但很有老北京的味道，
hé gōngyù bǐqǐlai shēnghuó bú tài fāngbiàn, dàn hěn yǒu lǎo Běijīng de wèidao,

我请老师到茶馆喝茶，我们聊了很多往事。
wǒ qǐng lǎoshī dào cháguǎn hē chá, wǒmen liáo le hěn duō wǎngshì.

▶ 본문을 읽고 직접 해석해 보고, p.68에서 확인하세요.

古都 gǔdū 고도, 옛 도읍 / 比如 bǐrú 예를 들어, 예를 들면 / 长城 Chángchéng 만리장성, 창청 / 颐和园 Yíhéyuán 이화원, 이허위엔 / 故宫 Gùgōng 고궁, 꾸궁 / 天坛 Tiāntán 천단, 티엔탄 / 抽 chōu (일부를) 빼내다, 뽑아 내다 / 非 fēi ~이 아니다 / 好汉 hǎohàn 사내대장부, 호걸 / 拜访 bàifǎng 삼가 방문하다 / 胡同 hútòng 골목 / 四合院 Sìhéyuàn 사합원 [베이징의 전통 주택 양식] / 味道 wèidao 정취, 운치, 흥취 / 茶馆 cháguǎn 찻집 / 往事 wǎngshì 지난 일, 옛일

★ **比如说** : '예를 들어 말하자면'이라는 뜻으로 구체적인 비유를 들어 설명할 때 쓰인다. 비슷한
    표현으로 '比方说' '例如说' 등이 있다.

★ **抽出时间** : 동사 '抽'는 '뽑다' '빼다'의 뜻으로, 방향보어 '出(来)'가 뒤에 나와 '뽑아내다, 끄집
    어내다'의 의미를 나타낸다. 목적어가 '시간'이므로 '시간을 내다'라는 뜻이 된다.

★ **比起来** : 방향보어 '起来'는 '~해 보니' '~해 보면'이라는 파생적 의미를 가지고 있다. 따라서
    '比起来'는 '비교해 보면'이라는 뜻이다.

Q&A 본문 읽고 대답하기

정답 p.238

1 北京是个什么样的城市?
→

2 北京有哪些地方值得去看?
→

3 晚上李明浩见了谁? 李明浩怎么认识她的?
→

4 杨老师住在哪儿?
→

5 四合院和公寓比起来怎么样?
→

05-03

（李明浩拜访以前的中文老师。）

李明浩 ： 杨老师好！好久不见，您的身体还是那么硬朗！
Lǐ Mínghào: Yáng lǎoshī hǎo! Hǎo jiǔ bú jiàn, nín de shēntǐ háishi nàme yìnglang!

杨老师 ： 哪儿啊，老啦！
Yáng lǎoshī : Nǎr a, lǎo la!

李明浩 ： 您退休以后的生活过得怎么样？
Lǐ Mínghào: Nín tuìxiū yǐhòu de shēnghuó guò de zěnmeyàng?

杨老师 ： 还可以，每天爬爬山，逛逛公园，看看书，挺丰富的。
Yáng lǎoshī : Hái kěyǐ, měitiān pápa shān, guàngguang gōngyuán, kànkan shū, tǐng fēngfù de.

李明浩 ： 北京的变化真大，和我留学时大不一样❶了。
Lǐ Mínghào: Běijīng de biànhuà zhēn dà, hé wǒ liúxué shí dà bù yíyàng le.

杨老师 ： 是呀，这几年北京经济发展得特别快！
Yáng lǎoshī : Shì a, zhè jǐ nián Běijīng jīngjì fāzhǎn de tèbié kuài!

李明浩 ： 您还住在这四合院儿，不觉得不方便吗❷？
Lǐ Mínghào: Nín hái zhù zài zhè sìhéyuànr, bù juéde bù fāngbiàn ma?

杨老师 ： 我是老北京人，已经习惯了。
Yáng lǎoshī : Wǒ shì lǎo Běijīng rén, yǐjing xíguàn le.

05-04

硬朗 yìnglang 정정하다, 건강하다 / **丰富** fēngfù 많다, 풍부하다 / **习惯** xíguàn 습관이 되다, 익숙해지다

(이명호가 유학시절의 중국어 선생님을 찾아뵙다.)

이명호 : 양 선생님, 안녕하세요! 오랜만에 뵙는데, 여전히 정정하시네요!

양 선생님 : 뭘, 늙었지!

이명호 : 퇴직 이후의 생활은 좀 어떠세요?

양 선생님 : 그럭저럭 지내. 매일 산에 오르고, 공원도 걷고, 책도 읽고, 여러 가지 하며 지내.

이명호 : 베이징이 많이 변했네요. 제가 유학할 때랑은 많이 달라졌어요.

양 선생님 : 그래, 요 몇 해 동안 베이징의 경제는 아주 빠르게 발전했지.

이명호 : 선생님은 여전히 사합원에 사시네요. 불편하지 않으세요?

양 선생님 : 나는 원래 베이징 사람이라 이미 습관이 됐어.

본문 읽고 선택하기

정답 p.239

1 李明浩觉得杨老师的身体比以前差多了　O　X

2 现在的北京和李明浩留学时差不多。　O　X

3 杨老师说北京这几年的经济发展得很快。　O　X

4 杨老师现在搬到公寓，不住四合院了。　O　X

① 北京的变化真大，和我留学时大不一样了。

'和……大不一样'은 '~와는 많이 다르다'라는 뜻으로, 어떤 대상과 비교하여 똑같지 않다는 것을 강조하는 표현입니다.

姐姐结婚后的生活和以前大不一样了。 언니의 결혼 후 생활은 예전과 많이 달라졌어요.
Jiějie jiéhūn hòu de shēnghuó hé yǐqián dà bù yíyàng le.

他的汉语水平和去年比起来大不一样了。 그의 중국어 실력이 작년과 비교해서 많이 달라졌어요.
Tā de Hànyǔ shuǐpíng hé qùnián bǐqǐlai dà bù yíyàng le.

② 您还住在这四合院儿，不觉得不方便吗?

자신이 말하고자 하는 의도를 상대방의 기분을 고려해서 좀 더 완곡하게 표현할 때 '不觉得……吗？'를 사용합니다.

你不觉得有点儿问题吗? 문제가 좀 있다고 생각하지 않아요?
Nǐ bù juéde yǒudiǎnr wèntí na?

你不觉得汉语很容易吗? 중국어가 쉽다고 느껴지지 않아요?
Nǐ bù juéde Hànyǔ hěn róngyi ma?

박샘의 어휘 클리닉　샘, '哪儿啊'와 '哪里哪里'는 같은 표현인거죠?

의미상으로는 같은 표현인데 어감상 조금 차이가 있는 경우가 있지? '哪里哪里'는 주로 예의를 차리며 겸손하게 대답할 때 쓰인다면, '哪儿啊'는 좀 더 친숙한 관계에서 편하게 사용하는 표현이지.

- 您的英语说得太棒了。 영어 참 잘하시네요. / 哪里哪里。 별말씀을요.
- 几天没见，你就变漂亮了。 며칠 안 봤더니 너 예뻐졌구나. / 哪儿啊，是这件衣服好看。 무슨, 이 옷이 예뻐서 그런 거지.

[자유롭게 말하기]

예시 p.239

- 你现在住公寓吗? 公寓有什么方便的?

- 韩国人退了休一般过着什么样的生活?

---

half time 신조어 · 유행어

뭉치면 산다? 그대는 약자 | 蚂蚁族 *mǎyǐzú*

* 蚂蚁 : 개미

한국에 '88만 원 세대'가 있다면 중국에는 '개미족'이 있다. 한국에서의 개미는 주식시장의 개인 투자자들을 의미하지만 중국의 개미족은 미약한 존재이지만 사회가 관심을 기울이지 않으면 커다란 사회문제를 일으킬 수 있는, 1980년대에 태어난 고학력이면서 미취업자인 사회적 약소계층의 젊은이들을 일컫는 말이다. 중국에서도 대학생 취업난과 저임금 문제가 부각되면서 개미족의 생활과 개미족 노래가 인터넷을 달구고 있다. 개미라는 단어가 이렇게 부정적인 의미로 쓰인다는 사실을 개미들은 알고나 있을까?

상황 1 — 가고 싶은 곳(1)

李总 : 李先生，这次来北京想去哪儿逛逛？
Lǐ zǒng : Lǐ xiānsheng, zhècì lái Běijīng xiǎng qù nǎr guàngguang?

李明浩 : 北京可去的地方多得很，有时间的话都想去看看。
Lǐ Mínghào : Běijīng kě qù de dìfang duō de hěn, yǒu shíjiān de huà dōu xiǎng qù kànkan.

李总 : 您最想去哪儿？让王助理陪您一起去吧！
Lǐ zǒng : Nǐ zuì xiǎng qù nǎr? Ràng Wáng zhùlǐ péi nín yìqǐ qù ba!

李明浩 : 那太好了，您考虑得太周到了。
Lǐ Mínghào : Nà tài hǎo le, nín kǎolǜ de tài zhōudào le.

이 사장 이 선생님, 이번에 베이징에 와서 어디를 가 보고 싶으세요?

이명호 베이징은 가볼 만한 곳이 아주 많잖아요. 시간만 된다면 다 가 보고 싶어요.

이 사장 제일 가고 싶은 곳이 어디예요? 왕 비서와 함께 가 보시죠.

이명호 그럼 좋죠. 정말 배려가 깊으시네요.

▶ **考虑** kǎolǜ 고려하다, 생각하다
▶ **周到** zhōudào 세심하다, 치밀하다

상황 2 — 가고 싶은 곳(2)

王助理 : 李先生，今天我陪您去颐和园好吗？
Wáng zhùlǐ : Lǐ xiānsheng, jīntiān wǒ péi nín qù Yíhéyuán hǎo ma?

李明浩 : 以前我在北大上学的时候经常去，离我们学校很近。
Lǐ Mínghào : Yǐqián wǒ zài BěiDà shàngxué de shíhou jīngcháng qù, lí wǒmen xuéxiào hěn jìn.

王助理 : 那我们去爬长城吧，不都说"不到长城非好汉"嘛！
Wáng zhùlǐ : Nà wǒmen qù pá Chángchéng ba, bù dōu shuō "Bú dào Chángchéng fēi hǎohàn" ma!

李明浩 : 好主意，我也正想去呢。
Lǐ Mínghào : Hǎo zhǔyi, wǒ yě zhèng xiǎng qù ne.

왕 비서 이 선생님, 오늘 제가 이화원에 모시고 갈까요?

이명호 예전에 베이징대학교에 다닐 때 자주 갔었어요. 우리 학교에서 가까웠거든요.

왕 비서 그러면 만리장성에 가죠. "만리장성에 오르지 않으면 대장부가 아니다."라고들 하잖아요!

이명호 좋은 생각이에요. 저도 마침 가고 싶었어요.

▶ **主意** zhǔyi 방법, 생각

老师	:	你以前来过这家茶馆儿吗?
Lǎoshī	:	Nǐ yǐqián lái guo zhè jiā cháguǎnr ma?
李明浩	:	听说过，但是一直没有机会来。
Lǐ Mínghào	:	Tīngshuō guo, dànshì yìzhí méiyǒu jīhuì lái.
老师	:	一会儿还有相声什么的传统表演呢。
Lǎoshī	:	Yíhuìr hái yǒu xiàngsheng shénme de chuántǒng biǎoyǎn ne.
李明浩	:	真的? 今天的运气不错！
Lǐ Mínghào	:	Zhēnde? Jīntiān de yùnqì búcuò!

선생님 예전에 이 찻집에 와 본 적 있니?

이명호 들어는 봤지만, 줄곧 올 기회가 없었어요.

선생님 좀 이따가 만담 등의 전통공연도 해.

이명호 정말이요? 오늘 운이 좋네요.

▶ **相声** xiàngsheng 만담, 재담
▶ **传统** chuántǒng 전통
▶ **运气** yùnqì 운, 운수

李明浩	:	杨老师，您为什么不住公寓呢?
Lǐ Mínghào	:	Yáng lǎoshī, nín wèishénme bú zhù gōngyù ne?
老师	:	四合院更有老北京的味道嘛。
Lǎoshī	:	Sìhéyuàn gèng yǒu lǎo Běijīng do wèidao ma.
李明浩	:	有道理，住在这儿才可以感受到北京的文化。
Lǐ Mínghào	:	Yǒu dàolǐ, zhù zài zhèr cái kěiyǐ gǎnshòu dào Běijīng de wénhuà.
老师	:	对呀，这就是我一直不搬家的原因。
Lǎoshī	:	Duì a, zhè jiùshì wǒ yìzhí bù bānjiā de yuányīn.

이명호 양 선생님, 왜 아파트에 사시지 않아요?

선생님 사합원에는 옛 베이징의 정취가 있잖아.

이명호 그렇네요, 이 곳에 살아야지만 베이징의 문화를 느낄 수 있겠어요.

선생님 맞아, 그게 바로 내가 계속 이사 가지 않는 이유야.

▶ **感受** gǎnshòu 받다, 느끼다

 **단문을 잘 듣고 질문에 대한 대답이 맞으면 ○, 틀리면 ✗를 표시하세요.** | 듣기 | 05-09

1 Q : 他们常见面吗?

   A : 他们很少见面 （   ）

2 Q : 哪条裙子更有中国的味道?

   A : 那条裙子更有中国的味道。（   ）

3 Q : 我觉得北京现在怎么样?

   A : 北京和上次旅游的时候一样。（   ）

4 Q : 王先生觉得住公寓怎么样?

   A : 王先生觉得住公寓不太方便。（   ）

 **두 사람의 대화를 잘 듣고 질문에 알맞은 답을 고르세요.** | 듣기 | 05-10

1 男的想喝什么?

   A 果汁　　　　　　B 咖啡　　　　　　C 茶

2 男的也想去旅游吗?

   A 也想去　　　　　B 不想去　　　　　C 不知道

3 男的以前去沈阳干什么?

   A 留学　　　　　　B 出差　　　　　　C 旅游

4 男的要做什么?

   A 去做特别的事儿　　B 和女的一起去看电影　　C 男的自己去看电影

3 빈칸에 들어갈 알맞은 단어를 보기에서 고르세요. | 어휘 |

考虑　习惯　搬家　硬朗　丰富

1 一边儿吃饭一边儿看电视是一个不好的 ________ 。

2 我们昨天 ________ 了，欢迎有空儿来玩儿。

3 我爷爷今年86，身体很 ________ 。

4 这饭店的房间不大，但很干净，你可以 ________ 住这儿。

4 순서를 알맞게 배열하여 문장을 완성하세요. | 어법 |

1 A 交通还算方便　　B 他家离公司很远　　C 但在地铁站附近

____

2 A 我们聊了很多工作的事　　B 到北京饭店吃饭　　C 晚上小王请我

____

3 A 和飞机比起来　　B 火车速度不快　　C 但票价便宜

____

4 A 和上学时大不一样了　　B 中学同学们的　　C 变化都很大

____

scene#5 | 길 찾기 

1 길을 잃었어요. 치엔먼에 가려면 어떻게 가야 돼요?
我迷路了，请问去前门怎么走？ Wǒ mílù le, qǐng wèn qù Qiánmén zěnme zǒu?

2 여기서 치엔먼까지 걸어서 얼마나 걸려요?
从这儿到前门走路要多久？ Cóng zhèr dào qiánmén zǒulù yào duōjiǔ?

3 앞쪽 사거리에서 오른쪽으로 가다가 다시 물어보세요.
你到前面十字路口往右拐，再打听一下吧。
Nǐ dào qiánmian shízìlùkǒu wǎng yòu guǎi, zài dǎtīng yíxià ba.

4 신호등을 건너 앞으로 쭉 가면 바로 베이징대학교예요.
过了红绿灯一直往前走，就是北京大学了。
Guò le hónglǜdēng yìzhí wǎng qián zǒu, jiùshì Běijīng Dàxué le.

5 이 길을 따라 곧장 가면 됩니까?
顺着这条路一直走就可以吗？ Shùnzhe zhè tiáo lù yìzhí zǒu jiù kěyǐ ma?

6 남쪽으로 5분쯤 가면 길 오른쪽으로 정문이 보일 겁니다.
往南走五分钟，右边儿就能看到大门了。
Wǎng nán zǒu wǔ fēnzhōng, yòubiānr jiù néng kàn dào dàmén le.

7 왼쪽 두 번째 하얀 건물이 체육관입니다.
左边儿第二个白楼就是体育馆。 Zuǒbiānr dì'èr ge báilóu jiùshì tǐyùguǎn.

8 제 사무실은 저 건너편 건물 5층에 있어요.
我的办公室就在对面那个大楼的五楼。
Wǒde bàngōngshì jiù zài duìmiàn nà ge dàlóu de wǔ lóu.

9 우리 집은 맞은편 아파트 110동 2호 라인 808호예요.
我家在对面的公寓110栋2单元808号。
Wǒ jiā zài duìmiàn de gōngyù yāo yāo líng dòng èr dānyuán bā líng bā hào.

10 골목 안의 저 빨간 대문이 바로 우리 집이에요.
胡同里那红色的大门就是我家。 Hútòng li nà hóngsè de dàmén jiùshì wǒjiā.

06 왕푸징에서 쇼핑하다

런민삐를 거의 다 썼는데, 내 카드로는 현금인출기에서 돈을 찾을 수 없었어요.
그래서 은행 창구로 가서 달러를 런민삐로 바꾸었습니다.
은행 옆에 바로 왕푸징 백화점이 있었는데, 나는 셔츠 한 벌을 샀어요.
품질도 좋고 가격도 비싸지 않았어요.
호텔에 돌아와서 입어봤더니 조금 작은 것 같았어요.
다행히 당시에 영수증을 받아 놓아서 백화점에서 큰 치수로 교환해 주었습니다.
저녁에 열이 좀 났지만, 병원에 가기 귀찮아서
근처의 약국에서 약을 사 먹었어요.

◯ 왕푸징 상업지구

베이징시 최대 번화가이자 쇼핑가로 우리나라의 명동과 비교되기도 한다. 약 1km가량의 거리 양편으로 대형 상가와 호텔 등 700여 개에 달하는 건물들이 자리하고 있으며, 대로 뒤편 후통에는 먹자 골목과 함께 경극과 단막극을 볼 수 있는 무대가 마련되어 있다. 또한, 왕푸징 야시장에는 수백 가지의 다양한 먹거리가 가득해 음식 천국이라 불리는 중국을 실감케 한다.

○ 왕푸징 먹자골목

○ **중국에서 통장 개설하기**

은행 창구에서 신청서를 받아 이름, 비밀
번호, 여권번호, 주소를 적고 통장의 종류
와 인출방법을 선택한다.

○ **중국의 은행**

중국의 대표적인 은행으로는 화폐를 발행하는 인민은행(人民
銀行)과 중국은행(中國銀行), 공상은행(工商銀行), 건설은행
(建設銀行), 교통은행(交通銀行) 등이 있다.

○ **동인당 약국**

청대 황궁 약방으로 지정되기도 했던 동인당(同仁堂)은 중국에서
가장 오래된 약국으로 340여 년의 역사를 자랑한다.

 이명호의 이야기 06-01

我的人民币快花光了，我的卡在取款机上又不能直接取钱。
Wǒ de Rénmínbì kuài huā guāng le, wǒ de kǎ zài qǔkuǎnjī shang yòu bù néng zhíjiē qǔqián.

所以我去银行柜台把美金换成了人民币★。
Suǒyǐ wǒ qù yínháng guìtái bǎ Měijīn huàn chéng le Rénmínbì.

银行旁边就是王府井百货大楼，
Yínháng pángbiān jiùshì Wángfǔjǐng bǎihuòdàlóu,

我买了一件衬衫。不但质量好，而且价钱也不贵。
wǒ mǎi le yí jiàn chènshān. Búdàn zhìliang hǎo, érqiě jiàqián yě bú guì.

回饭店试穿后，感觉有点小，
Huí fàndiàn shìchuān hòu, gǎnjué yǒudiǎn xiǎo,

幸亏★我当时要了发票，他们才给我换了大号儿的。
xìngkuī wǒ dāngshí yào le fāpiào, tāmen cái gěi wǒ huàn le dàhàor de.

晚上我有点发烧，但是去医院太麻烦了，
Wǎnshang wǒ yǒudiǎn fāshāo, dànshì qù yīyuàn tài máfan le,

所以我就在附近的药店买了点儿药吃。
suǒyǐ wǒ jiù zài fùjìn de yàodiàn mǎi le diǎnr yào chī.

▶ 본문을 읽고 직접 해석해 보고, p.82에서 확인하세요.

 새 단어 06-02

光 guāng 하나도 남아 있지 않다 / 取款机 qǔkuǎnjī 현금 자동 인출기 / 柜台 guìtái 계산대, 카운터[은행이나 서비스 기관의 업무 창구] / 百货大楼 bǎihuòdàlóu 백화점 / 衬衫 chènshān 셔츠, 블라우스 / 试穿 shìchuān 입어 보다 / 幸亏 xìngkuī 다행히, 운 좋게 / 发票 fāpiào 영수증 / 发烧 fāshāo 열이 나다 / 药店 yàodiàn 약국

★ 把美金换成了人民币 : 把자문에서 '동사+결과보어(成)'의 문장이다. '成'은 '～이 되다'
　　　　　　　　　　　　　　 '～(으)로 변하다'라는 뜻으로, 뒤에는 변화되어 달라진 명사가 온다.

把这个房间分成两间，可以吗? 이 방을 두 칸으로 나눌 수 있나요?
我要把这本英文书翻译成汉语。 나는 이 영어 책을 중국어로 번역하려고 해요.

★ 幸亏 : '다행히, 운 좋게'라는 뜻의 부사로, 운이 좋게 일이 잘 풀리는 상황에서 쓰인다. 비슷한
　　　　 표현으로 '幸好'가 있다.

Q&A　본문 읽고 대답하기

정답 p.239

1　李明浩为什么去银行?
　→

2　王府井百货大楼在哪儿?
　→

3　李明浩买的衬衫怎么样?
　→

4　李明浩在哪儿试穿了衬衫? 怎么样?
　→

5　李明浩哪里不舒服?
　→

06-03

（李明浩逛街买了一件衬衫，回去试穿后有点儿小。）

李明浩 ： 小姐，这件衬衫有点儿小，能换吗？
Lǐ Mínghào : Xiǎojie, zhè jiàn chènshān yǒudiǎnr xiǎo, néng huàn ma?

售货员 ： 您带发票了吗？
Shòuhuòyuán : Nín dài fāpiào le ma?

李明浩 ： 一定要有发票吗？
Lǐ Mínghào : Yídìng yào yǒu fāpiào ma?

售货员 ： 是的。退货、换货没有发票没办法换。
Shòuhuòyuán : Shì de. Tuìhuò、huànhuò méiyǒu fāpiào méi bànfǎ huàn.

李明浩 ： 那我找找看❶。啊！在这儿呢，就在我钱包里。
Lǐ Mínghào : Nà wǒ zhǎozhao kàn. À! Zài zhèr ne, jiù zài wǒ qiánbāo li.

售货员 ： 这件大小❷是95的，您要换多大号的？
Shòuhuòyuán : Zhè jiàn dàxiǎo shì jiǔshíwǔ de, nín yào huàn duōdà hào de?

李明浩 ： 要100的，麻烦你了。
Lǐ Mínghào : Yào yì bǎi de, máfan nǐ le.

售货员 ： 好的，请稍等。
Shòuhuòyuán : Hǎo de, qǐng shāo děng.

새 단어 06-04

退货 tuìhuò 반품하다 / 换货 huànhuò 물품을 교환하다 / 钱包 qiánbāo 돈지갑, 돈가방

(이명호가 셔츠를 한 벌 샀는데, 돌아가서 입어 보니 약간 작다.)

이명호 : 아가씨, 이 셔츠가 조금 작은데 교환할 수 있어요?

판매원 : 영수증 가지고 오셨어요?

이명호 : 영수증이 반드시 있어야 되나요?

판매원 : 네. 반품이나 교환은 영수증이 없으면 안 돼요.

이명호 : 그럼 제가 좀 찾아볼게요. 아, 여기 지갑에 있네요.

판매원 : 이 사이즈가 95호인데 몇 호로 바꿔 드릴까요?

이명호 : 100호로 주세요. 부탁합니다.

판매원 : 네, 잠시만 기다리세요.

O/X 본문 읽고 선택하기

정답 p.239

1 李明浩因为不喜欢，所以去换衬衫。　　O　X

2 退货、换货没有发票也可以换。　　O　X

3 李明浩因为带了发票，所以给他换了衬衫。　　O　X

4 李明浩买的衬衫大小是100的，他想换95号的。　　O　X

① 那我**找找看**。啊！在这儿呢，就在我钱包里。

'找找看'에서 '看'은 동사 뒤에 조사처럼 쓰여 '~해 보다'의 의미를 나타내는데, 앞에 나오는 동사 대부분은 가벼운 어감을 가진 동사의 중첩형으로 이루어집니다.

说说看你的想法。 당신의 생각을 좀 말해보세요.
Shuōshuo kàn nǐ de xiǎngfǎ.

您听听看我说得对不对。 제 말이 맞는지 틀린지 좀 들어보세요.
Nín tīngting kàn wǒ shuō de duì bu duì.

② 这件**大小**是95号，您要换多大号的?

'大小'처럼 정반의 형용사가 함께 쓰여 하나의 단어가 되는 경우가 많습니다. 예를 들어, 多少(얼마의 양), 长短(길이), 宽窄(kuānzhǎi, 넓이), 高矮(gāo'ǎi, 높이), 深浅(shēnqiǎn, 깊이), 远近(거리), 快慢(속도) 등이 있습니다.

这件衣服大小正合适。 이 옷의 크기가 딱 맞아요.
Zhè jiàn yīfu dàxiǎo zhèng héshì.

这条裤子长短还可以，但是颜色不太好。
Zhè tiáo kùzi chángduǎn hái kěyǐ, dànshì yánsè bútài hǎo.
이 바지는 길이는 괜찮은데 색상이 별로 마음에 들지 않아요.

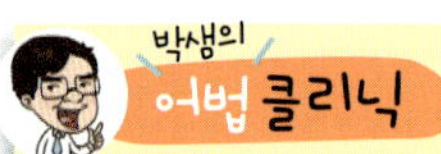

샘, 물건을 가리키며 '여기에 있어요.'라고 할 때 '在这儿'을 '这儿有'라고 하면 틀리나요?

일반적으로 동사 '在' 뒤에는 장소가 와서 '~에 있다'가 되지만, 동사 '有' 뒤에는 사람이나 물건이 와서 '~가 있다'라는 의미가 돼. '여기에 있어요.'라고 할 때 '在这儿'과 '这儿有' 둘 다 맞는 것 같지만 중국에서는 습관적으로 '在这儿'이라고 해. 그러니까 이번 과에 나오는 문장을 살펴보면 '在这儿' 앞에 주어인 '发票'가 생략된 거지.

[자유롭게 말하기]

예시 p.239

- 你觉得什么颜色的衣服最适合自己？

- 你身体不好发烧时怎么办？马上去医院吗？

---

half time　신조어 · 유행어

386세대? 486세대? 나는 무슨 세대일까? | 奔三 bēnsān

한국인에게는 '386'이라는 단어가 상당히 익숙하다. 컴퓨터가 보급되면서 널리 알려진 '386'이라는 단어는 '1960년대에 태어나, 1980년대에 대학생활을 한 세대'라는 함축된 뜻이 있다. 중국어에도 역시 컴퓨터 주요 부품인 CPU와 관련된 신조어가 있다. 바로 '奔三(펜티엄3)'이다. '奔'이라는 단어는 '~을 향해 내달리다, 나아가다'라는 뜻이 있다. 그래서 '奔三'은 '奔向三十岁的年轻人(30대를 향해 달려가는 젊은 사람들)'이라는 뜻이다.

386세대가 있으면 486세대가 있듯이, 奔三세대가 있으면 당연히 奔四(40대를 향해 달려가는 사람들)세대도 있는 법. 또 50대, 60대를 향해 달려가시는 노장분들 역시 '奔'이라는 단어를 응용해서 奔五, 奔六세대라고 말하면 만사 OK. '올해 나이가 어떻게 되세요?'라는 질문에 조금 더 위트 있게 대답하고 싶을 때 유용한 '奔三'을 기억하도록 하자.

상황 1   약국에서 

药师	:	请问您要买什么药?
Yàoshī	:	Qǐngwèn nín yào mǎi shénme yào?
李明浩	:	我有点发烧，还咳嗽，好像感冒了。
Lǐ Mínghào	:	Wǒ yǒudiǎn fāshāo, hái késou, hǎoxiàng gǎnmào le.
药师	:	发烧最好去医院看病。
Yàoshī	:	Fāshāo zuì hǎo qù yīyuàn kànbìng.
李明浩	:	没事儿！我想吃点儿感冒药。
Lǐ Mínghào	:	Méi shìr! Wǒ xiǎng chī diǎnr gǎnmàoyào.

약사 무슨 약을 드릴까요?

이명호 제가 열이 좀 있고요, 기침도 나는 게 감기인 것 같아요.

약사 열이 나면 병원에 가 보시는 게 좋겠어요.

이명호 괜찮아요! 감기약을 좀 먹으려고요.

▶ 咳嗽 késou 기침하다
▶ 看病 kànbìng (의사에게) 진찰을 받다

상황 2   은행에서(1) 

职员	:	先生，您要办什么?
Zhíyuán	:	Xiānsheng, nín yào bàn shénme?
李明浩	:	我能用这张信用卡取钱吗?
Lǐ Mínghào	:	Wǒ néng yòng zhè zhāng xìnyòngkǎ qǔ qián ma?
职员	:	对不起，这张卡不能在中国取现金。
Zhíyuán	:	Duìbuqǐ, zhè zhāng kǎ bù néng zài Zhōngguó qǔ xiànjīn.
李明浩	:	那我只好换钱了。
Lǐ Mínghào	:	Nà wǒ zhǐhǎo huàn qián le.

직원 손님, 무엇을 도와드릴까요?

이명호 이 신용카드로 돈을 찾을 수 있어요?

직원 죄송합니다. 이 카드로는 중국에서 현금 인출이 안 돼요.

이명호 그럼 환전을 해야겠군요.

▶ 现金 xiànjīn 현금
▶ 换钱 huàn qián 환전하다

李明浩	我要把美元换成人民币。
Lǐ Mínghào	Wǒ yào bǎ Měiyuán huànchéng Rénmínbì.
职员	今天的汇率是1:6.5 您要换多少?
Zhíyuán	Jīntiān de huìlǜ shì yī bǐ liù diǎn wǔ nín yào huàn duōshao?
李明浩	500美元。
Lǐ Mínghào	Wǔ bǎi Měiyuán.
职员	好的，您请点一下。
Zhíyuán	Hǎo de, nín qǐng diǎn yíxià.

이명호 달러를 런민삐로 환전하려고 해요.

직원 오늘의 환율은 1:6.5예요. 얼마나 바꾸실 건가요?

이명호 500달러요.

직원 네. 확인해 보세요.

▶ 汇率 huìlǜ 환율

售货员	先生，请随便挑选。
Shòuhuòyuán	Xiānsheng, qǐng suíbiàn tiāoxuǎn.
李明浩	这件衬衫怎么卖?
Lǐ Mínghào	Zhè jiàn chònshān zěnme mài?
售货员	350块。物美价廉 。
Shòuhuòyuán	Sān bǎi wǔshí kuài. Wùměijiàlián.
李明浩	不错，这个颜色也很适合我。我买了。
Lǐ Mínghào	Búcuò, zhè ge yánsè yě hěn shìhé wǒ. Wǒ mǎi le.

판매원 손님, 편하게 골라보세요.

이명호 이 셔츠는 얼마예요?

판매원 350위엔이에요. 품질도 좋고 가격도 저렴해요.

이명호 괜찮네요, 색깔도 저한테 어울려요. 이길 시겠습니다.

▶ 随便 suíbiàn 마음대로, 자유로이
▶ 挑选 tiāoxuǎn 고르다, 선택하다
▶ 物美价廉 wùměijiàlián 상품의 질이 좋고 값도 저렴하다

1 단문을 잘 듣고 질문에 대한 대답이 맞으면 ○, 틀리면 ✕를 표시하세요. | 듣기 | 06-09

1 Q : 这双皮鞋怎么样?

A : 这双皮鞋质量好，但是价钱贵。（　　）

2 Q : 怎么才能换货?

A : 一个星期以后带发票来可以换货。（　　）

3 Q : 我想出去吃饭吗?

A : 我不想出去吃饭。（　　）

4 Q : 用我的信用卡可以在韩国买东西吗?

A : 用我的信用卡在韩国不可以买东西。（　　）

2  두 사람의 대화를 잘 듣고 질문에 알맞은 답을 고르세요. | 듣기 |  06-10

1 中国银行在百货大楼哪边儿?

A 旁边儿　　　　　　　B 前边儿　　　　　　　C 后边儿

2 女的怎么了?

A 女的资料都准备好了　B 她没带资料来　　　　C 她多准备了一份资料

3 女的要干什么?

A 去药店买药　　　　　B 去医院看病　　　　　C 给男的买药

4 女的的信用卡怎么了?

A 找不到了　　　　　　B 不能直接取钱　　　　C 信用卡坏了

 빈칸에 들어갈 알맞은 단어를 보기에서 고르세요. | 어휘 |

보기   随便　适合　而且　当时　幸亏

1 这件衣服不但漂亮，＿＿＿＿＿＿质量也不错。

2 哇，下雨了！＿＿＿＿＿＿我带了一把雨伞。

3 这家商店人多很热闹，我们也进去＿＿＿＿＿＿看看吧。

4 这双黑鞋比白鞋更＿＿＿＿＿＿你，买这双黑的吧。

순서를 알맞게 배열하여 문장을 완성하세요. | 어법 |

1 A 使用也很方便　　B 这电脑不但设计独特　　C 哥哥很喜欢

____

2 A 我穿有点儿大　　B 试穿后换了小一号的　　C 这裤子

____

3 A 有点儿发烧　　B 弟弟好像感冒了　　C 还咳嗽

____

4 A 我在美国时　　B 所以我把人民币换成了美金　　C 钱都花光了

____

 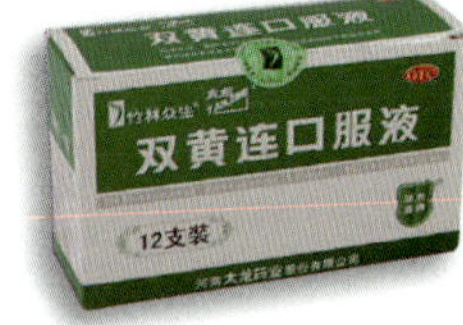

1 여기가 가장 아파요.
这儿最疼。 Zhèr zuì téng.

2 몸이 나른하고 열이 나요.
全身没劲儿，还发烧。 Quánshēn méi jìnr, hái fāshāo.

3 머리도 아프고 토할 것 같아요.
头疼想吐。 Tóu téng xiǎng tù.

4 배가 아프고 계속 설사를 해요.
肚子不舒服，一直拉肚子。 Dùzi bù shūfu, yìzhí lā dùzi.

5 목이 심하게 아파서 식사를 못하겠어요.
嗓子疼得厉害，吃不下饭。 Sǎngzi téng de lìhai, chī bu xià fàn.

6 기침이 날 때 가래가 있어요.
咳嗽的时候有痰。 Késou de shíhou yǒu tán.

7 피부가 간지러워 못 참겠어요.
皮肤痒得受不了。 Pífū yǎng de shòu bu liǎo.

8 몸이 으슬으슬하고 콧물이 나요.
全身发抖，还流鼻涕。 Quánshēn fādǒu, hái liú bítì.

9 눈에 뭐가 들어 간 것 같아요.
眼睛里好像进什么了。 Yǎnjing li hǎoxiàng jìn shénme le.

10 주사를 꼭 맞아야 하나요?
一定要打针吗? Yídìng yào dǎzhēn ma?

07

베이징카오야를 먹다

○ 베이징카오야

원(元)대부터 전해오는 베이징의 전통 요리. 베이징카오야는 특수하게 키워진 오리를 화덕에서 3~4시간 동안 훈제한 요리로 바삭하고 고소한 맛이 일품이다. 얇게 썬 오리고기를 소스에 찍어 밀전병에 파와 오이채를 함께 싸서 먹는다.

○ 취엔쥐더

"만리장성에 오르지 않으면 대장부가 아니고, 취엔쥐더 카오야를 먹지 않으면 정말 유감스럽다. (不到长城非好汉, 不吃全聚德烤鸭真遗憾！)"라는 말이 생길 정도로 중국을 대표하는 식당이다.
자신이 먹는 베이징카오야가 취엔쥐더에서 만든 몇 번째 베이징카오야인지 알 수 있는 증명서를 발급해 준다.

○ 중국 술문화

- 술을 따를 때는 상대방을 존경한다는 의미로 넘칠 만큼 가득 따른다.
- '干杯(gānbēi)'는 '잔을 비운다'는 뜻으로, 干杯를 외친 뒤 다 마시지 않고 잔을 내리면 실례가 된다.
- 잔이 다 비기 전에 수시로 술을 따라 잔을 채운다.
- 술을 잘 못 마시면 양해를 구하고 차나 음료수로 대신해도 된다.
- 술 마시는 관습이 잘 절제되어 있어 술 주정을 하거나 술로 인해서 실수하는 일은 많지 않다.

○ 중국 특색 음식 – 양러우촬

꼬치에 꿴 양고기를 숯불에 구어 고춧가루와 소금, 향신료를 뿌려 먹는 회족(回族) 음식.

○ 중국 특색 음식 – 훠궈

중국식 샤부샤부. 육수를 끓인 물에 얇게 저민 양고기, 소고기, 버섯, 야채 등을 살짝 익혀 참깨 묵으로 만든 마장(麻醬)에 찍어 먹는다.

○ 중국 명주 – 수이징팡   ○ 중국 명주 – 우량예   ○ 중국 명주 – 마오타이주

 **이명호의 이야기** 07-01

昨晚我睡得很好，今天感觉好多了*。
Zuówǎn wǒ shuì de hěn hǎo, jīntiān gǎnjué hǎo duō le.

王助理很关心我，特意打电话来问候。
Wáng zhùlǐ hěn guānxīn wǒ, tèyì dǎ diànhuà lái wènhòu.

上午，我到中华公司参加合作会谈，
Shàngwǔ, wǒ dào Zhōnghuá gōngsī cānjiā hézuò huìtán,

会谈很顺利，因此*我们很快就签了合同。
huìtán hěn shùnlì, yīncǐ wǒmen hěn kuài jiù qiān le hétong.

晚上，李总请我吃饭庆祝。
Wǎnshang, Lǐ zǒng qǐng wǒ chīfàn qìngzhù.

北京最有名的就是北京烤鸭。
Běijīng zuì yǒumíng de jiùshì Běijīng Kǎoyā.

我们在全聚德点了烤鸭，还喝了瓶五粮液。
Wǒmen zài Quánjùdé diǎn le kǎoyā, hái hē le píng Wǔliángyè.

烤鸭又香又嫩，味道好极了！
Kǎoyā yòu xiāng yòu nèn, wèidao hǎo jí le!

▶ 본문을 읽고 직접 해석해 보고, p.96에서 확인하세요.

关心 guānxīn 관심을 갖다 / 特意 tèyì 특별히, 일부러 / 会谈 huìtán 회담하다 / 因此 yīncǐ 그래서, 이 때문에 / 签 qiān 서명하다, 사인하다 / 合同 hétong 계약서 / 北京烤鸭 Běijīng Kǎoyā 베이징 덕, 베이징 오리구이[음식명] / 全聚德 Quánjùdé 취엔쥐더[식당명] / 五粮液 Wǔliángyè 우량예[중국 명주] / 嫩 nèn 연하다, 부드럽다

★ **好多了** : '형용사+多了' 형식은 형용사를 강조하는 어감을 나타낸다.

飞机比火车快多了。 비행기는 기차보다 훨씬 빠르다.
他比去年瘦多了。 그는 작년보다 많이 날씬해졌다.

★ **因此** : 접속사 '因此'는 '所以'와 비슷한 뜻이다. '所以'는 대부분 '因为……, 所以……'의 문장 형태로 이루어지지만 '因此'는 '因为'와 호응해서 쓸 수 없다. '因此'에서 '此'가 앞에 제시된 원인을 대신하기 때문이다.

Q&A 본문 읽고 대답하기

정답 p.240

1 李明浩昨天睡得好吗? 今天怎么样?
→

2 李明上午到中华公司干什么?
→

3 会谈进行得怎么样? 结果呢?
→

4 他们去哪儿点了什么吃?
→

5 烤鸭的味道怎么样? 李明浩觉得好吃吗?
→

07-03

（李总在全聚德请李明浩吃饭。）

李总 ： 李先生，这次来北京您辛苦了。
Lǐ zǒng ： Lǐ xiānsheng, zhècì lái Běijīng nín xīnkǔ le.

李明浩 ： 哪里！非常感谢李总的热情招待。
Lǐ Mínghào ： Nǎ li! Fēicháng gǎnxiè Lǐ zǒng de rèqíng zhāodài.

李总 ： 我们的合作非常成功，得好好庆祝庆祝。
Lǐ zǒng ： Wǒmen de hézuò fēicháng chénggōng, děi hǎohāo qìngzhù qìngzhù.

李明浩 ： 是呀。尽管洽谈花了不少时间，结果还是签了合同。[1]
Lǐ Mínghào ： Shì a. Jǐnguǎn qiàtán huā le bùshǎo shíjiān, jiéguǒ háishi qiān le hétong.

李总 ： 李先生，来，为我们的合作干杯！
Lǐ zǒng ： Lǐ xiānsheng, lái, wèi wǒmen de hézuò gānbēi!

王助理 ： 哇，李先生好酒量。再来一杯！
Wáng zhùlǐ ： Wà, Lǐ xiānsheng hǎo jiǔliàng. Zài lái yì bēi!

李明浩 ： 不能喝了，再喝就醉了。
Lǐ Mínghào ： Bù néng hē le, zài hē jiù zuì le.

李总 ： 李先生，吃菜吃菜，尝尝北京最有名的烤鸭！
Lǐ zǒng ： Lǐ xiānsheng, chī cài chī cài, chángchang Běijīng zuì yǒumíng de kǎoyā!

새 단어 *07-04*

热情 rèqíng 열정적이다, 친절하다 / 招待 zhāodài 접대하다, 대접하다 / 干杯 gānbēi 건배하다, 잔을 비우다 / 酒量 jiǔliàng 주량 / 尝 cháng 맛보다

(이 사장이 취엔쥐더에서 이명호에게 식사를 대접하다.)

이 사장 : 이 선생님, 이번에 베이징에 오셔서 수고 많으셨어요.

이명호 : 뭘요. 이 사장님의 훌륭한 대접에 감사드립니다.

이 사장 : 우리의 합작이 매우 성공적이었으니 마땅히 축하해야지요.

이명호 : 네, 협의에 많은 시간이 걸렸음에도 불구하고 결국 계약서에 사인했네요.

이 사장 : 이 선생님, 우리의 합작을 위하여 건배합시다!

왕 비서 : 와, 이 선생님 술 잘 드시네요. 한 잔 더하시죠!

이명호 : 그만 마실게요, 더 마시면 취하겠어요.

이 사장 : 이 선생님, 요리 좀 드세요. 베이징의 유명한 오리구이 맛 좀 보세요!

본문 읽고 선택하기

정답 p.240

1 为庆祝合作成功，李总请李明浩吃饭。　O　X

2 李总和李明浩为友谊干杯了。　O　X

3 李总请李明浩吃北京最有名的涮羊肉。　O　X

4 李明浩酒量很大，喝多少都不醉。　O　X

1 尽管洽谈花了不少时间，结果还是签了合同。

'尽管'은 '비록 ~라 하더라도' '~에도 불구하고'라는 뜻의 접속사로, 주로 뒤에 '还是' '可是' '也' 등과 호응하여 쓰입니다.

尽管这样，他还是离开了。 이럼에도 불구하고 그는 떠났어요.
Jǐnguǎn zhè yàng, tā háishi líkāi le.

尽管今天雨下得很大，也得去。 오늘 비가 많이 온다 할지라도 가야만 해요.
Jǐnguǎn jīntiān yǔ xià de hěn dà, yě děi qù.

2 不能喝了，再喝就醉了。

'再'는 가정문에서 '再……就……'의 형식으로 쓰여, '계속 ~한다면 ~될 것이다'의 뜻을 나타냅니다.

你再不来我就走了。 더 이상 안 오면 나는 바로 갈 거예요.
Nǐ zài bù lái wǒ jiù zǒu le.

我再学两个月就能毕业了。 두 달만 더 배우면 졸업할 수 있을 거예요.
Wǒ zài xué liǎng ge yuè jiù néng bìyè le.

박생의 **어법 클리닉**   샘, '再来一杯'에서 동사로 '来'가 쓰였는데 '来'의 용법은 너무나 많아요. 이 문장에서 '来'는 어떤 의미인가요?

동사 '来'는 중국어에서 대동사(代动词)로 쓰이는 경우가 많아. 즉, 구체적인 동사를 대신해서 사용할 수 있다는 거지. 여기서 '来'는 동사 '喝' 대신 쓰인 거야. 그래서 '再喝一杯'라고도 할 수 있지. 예문으로 익혀볼까?

- 唱得太好了，再来一首吧。 노래 아주 잘하는군, 한 곡 더 불러줘.
- 我吃这个小的，你来那个大的吧。 작은 건 내가 먹고, 큰 것은 네가 먹어.

[자유롭게 말하기]

예시 p.240

- 你的酒量大不大？ 能喝几瓶啤酒？ 烧酒呢？

- 朋友过生日时，你们一般怎么给他庆祝？

---

half time | 신조어 · 유행어

철밥통은 옛말! | 泥饭碗 nífànwǎn

*泥 : 진흙 *饭碗 : 밥그릇

"철밥통(铁饭碗, tiěfànwǎn)의 시대는 끝났다!" 사회주의 시대의 상징이었던 철밥통(평생직장)이 중국 사회에서 그 종적을 감추고, 이제 불안정한 고용을 상징하는 '진흙밥통'의 시대가 열리고 있다. 시장 경제가 급물살을 타면서 기업 체제에도 점차 경쟁이 도입되었고 이제 중국에서도 능력을 갖추지 못한 사람은 곧 해고된다는 위기의식이 형성되고 있다. 이러한 변화를 중국인들은 튼튼한 '철'에 상대되는 개념으로 '진흙으로 만든 밥통'이란 표현을 사용하여 세태를 위트 있게 나타냈다. 역시 요즘 같은 무한 경쟁시대에서는 실력만이 철밥통!!!

상황1 안부 전화 

王助理 ： 李先生，听说您昨天不舒服，现在好点儿了吗?
Wáng zhùlǐ ： Lǐ xiānsheng, tīngshuō nín zuótiān bù shūfu, xiànzài hǎo diǎnr le ma?

李明浩 ： 昨天吃了药，今天好多了。
Lǐ Mínghào ： Zuótiān chī le yào, jīntiān hǎo duō le.

王助理 ： 这几天天气有点儿凉，您要注意身体。
Wáng zhùlǐ ： Zhè jǐ tiān tiānqì yǒudiǎnr liáng, nín yào zhùyì shēntǐ.

李明浩 ： 谢谢王助理的关心。您也是。
Lǐ Mínghào ： Xièxie Wáng zhùlǐ de guānxīn. Nín yě shì.

왕 비서 이 선생님, 어제 아프셨다고요, 좀 어떠세요?

이명호 어제 약을 먹어서 오늘은 많이 좋아졌어요.

왕 비서 요 며칠 날씨가 쌀쌀해서 몸조심하셔야 돼요.

이명호 신경 써주셔서 감사합니다. 왕 비서님도 건강 유의하세요.

▶ 凉 liáng 차갑다, 서늘하다

상황2 합작 회담 

李总 ： 李先生，对这次合作您还有什么意见吗?
Lǐ zǒng ： Lǐ xiānsheng, duì zhècì hézuò nín hái yǒu shénme yìjiàn ma?

李明浩 ： 通过这次出差，我对贵公司更有信心了。
Lǐ Mínghào ： Tōngguò zhècì chūchāi, wǒ duì guì gōngsī gèng yǒu xìnxīn le.

李总 ： 谢谢您的信任，希望我们合作顺利。
Lǐ zǒng ： Xièxie nín de xìnrèn, xīwàng wǒmen hézuò shùnlì.

李明浩 ： 那我们现在签合同吧。
Lǐ Mínghào ： Nà wǒmen xiànzài qiān hétong ba.

이 사장 이 선생님, 이번 합작에 대해 다른 의견 있으세요?

이명호 이번 출장을 통해 귀사에 대해 더 믿음이 생겼습니다.

이 사장 신뢰에 감사드리고 우리의 합작이 순조롭길 바랍니다.

이명호 그럼 이제 계약서에 서명하시죠.

▶ 信任 xìnrèn 신임하다, 신뢰하다

李总	:	李先生，来，我敬您一杯。
Lǐ zǒng	:	Lǐ xiānsheng, lái, wǒ jìng nín yì bēi.
李明浩	:	哇，好香啊！这是什么酒？
Lǐ Mínghào	:	Wā, hǎo xiāng a! Zhè shì shénme jiǔ?
李总	:	这是中国相当有名的白酒—五粮液。
Lǐ zǒng	:	Zhè shì Zhōngguó xiāngdāng yǒumíng de báijiǔ- Wǔliángyè.
李明浩	:	果然是好酒，辣中带香。
Lǐ Mínghào	:	Guǒrán shì hǎojiǔ, là zhōng dài xiāng.

이 사장 이 선생님, 제가 한잔 드리죠.

이명호 와, 향이 좋네요. 무슨 술이에요?

이 사장 중국에서 꽤 유명한 백주인 우량예예요.

이명호 역시 좋은 술이군요. 독하긴 하지만 맛있어요.

▶ **敬** jìng (술·음식·담배·차 따위를) 공손하게 올리다
▶ **相当** xiāngdāng 상당히, 무척

王助理	:	李先生，李总特意为您点了烤鸭。
Wáng zhùlǐ	:	Lǐ xiānsheng, Lǐ zǒng tèyì wèi nín diǎn le kǎoyā.
李明浩	:	以前在北京上学的时候吃过一次，好久没吃了！
Lǐ Mínghào	:	Yǐqián zài Běijīng shàng xué de shíhou chī guo yí cì, hǎo jiǔ méi chī le!
李总	:	全聚德的烤鸭最有名，你多吃点儿吧！
Lǐ zǒng	:	Quánjùdé de kǎoyā zuì yǒumíng, nǐ duō chī diǎnr ba!
李明浩	:	又香又嫩，味道好极了。
Lǐ Mínghào	:	Yòu xiāng yòu nèn, wèidao hǎo jí le.

왕 비서 이 선생님, 사장님이 당신을 위해 특별히 주문하신 오리구이예요.

이명호 예전에 베이징에서 학교 다닐 때 한번 먹어 봤는데, 오랜만에 먹네요.

이 사장 취엔쮜더의 오리구이가 가장 유명하죠. 많이 드세요.

이명호 맛도 좋고 연하군요. 아주 맛있어요!

1 단문을 잘 듣고 질문에 대한 대답이 맞으면 ◯, 틀리면 ✕를 표시하세요. | 듣기 | 07-09

1 Q : 我昨天晚上睡得好不好?

A : 我昨天晚上睡得很好。(　　)

2 Q : 我昨天怎么了?

A : 我昨天生病了。(　　)

3 Q : 我最近每天都去公园吗?

A : 我最近每天都去公园运动。(　　)

4 Q : 我以前喜不喜欢中国的文化?

A : 我以前也喜欢中国的文化。(　　)

2 두 사람의 대화를 잘 듣고 질문에 알맞은 답을 고르세요. | 듣기 | 07-10

1 他们在哪儿?

A 餐厅　　　　　　B 公司　　　　　　C 机场

2 马科长昨天去哪儿了?

A 出差　　　　　　B 展览会　　　　　C 医院

3 男的是什么意思?

A 打算合作　　　　B 不打算合作　　　C 以后再合作

4 下面对的是?

A 男的常来北京　　B 男的第一次吃烤鸭　　C 男的觉得烤鸭不好吃

 **빈칸에 들어갈 알맞은 단어를 보기에서 고르세요.** | 어휘 |

보기　　　尽管　　因此　　果然　　招待　　注意

1　六、七月的机票最贵，________我们决定明年一月去旅游。

2　天黑了，晚上开车要多______！

3　________我已经告诉他了，但他还是给忘了。

4　明天有客人来，我们要好好儿________他们。

순서를 알맞게 배열하여 문장을 완성하세요. | 어법 |

1　A 我吃了北京名菜　　　B 在北京的时候　　　C 还喝了中国名酒

____

2　A 所以今天头很疼　　　B 不能上班了　　　C 昨晚我睡得不太好

____

3　A 我已经喝了很多　　　B 再喝酒醉了　　　C 不能再喝了

____

4　A 通过这次会议　B 希望合作顺利　C 我对贵公司的新产品更感兴趣了

____

scene #7 | 음식점  *07-11*

1 오늘은 내가 한턱 낼게요.
今天我来请客。 *Jīntiān wǒ lái qǐng kè.*

2 먹고 싶은 것을 마음대로 시키세요.
想吃什么就点什么吧。 *Xiǎng chī shénme jiù diǎn shénme ba.*

3 고기를 드실래요? 생선을 드실래요?
吃肉还是吃鱼？ *Chī ròu háishi Chī yú?*

4 너무 짜지 않게 해주세요.
请别太咸了。 / 不要太咸。 *Qǐng bié tài xián le. / Bú yào tài xián.*

5 나는 아무 음식이나 다 잘 먹어요. 음식을 안 가려요.
我什么菜都喜欢吃，不挑食。 *Wǒ shénme cài dōu xǐhuan chī, bù tiāoshí.*

6 오리지널 베이징 음식을 맛보고 싶어요.
我想尝尝地地道道的北京菜。 *Wǒ xiǎng chángchang dìdidàodào de Běijīng cài.*

7 이 음식이 내 입맛에 딱 맞네요.
这道菜正合我的口味儿。 *Zhè dào cài zhèng hé wǒ de kǒuwèir.*

8 이 곳의 만두는 너무 느끼해서 잘 못 먹겠어요.
这儿的包子太油腻，我吃不惯。 *Zhèr de bāozi tài yóunì, wǒ chī bu guàn.*

9 담백한 요리로 하나 더 주문합시다.
再点一盘清淡点儿的菜吧。 *Zài diǎn yì pán qīngdàn diǎnr de cài ba.*

10 우리 두 사람이 오리 한 마리를 다 먹을 수 없어요.
我们两个人吃不了一只烤鸭。 *Wǒmen liǎng ge rén chī bu liǎo yì zhī kǎoyā.*

08

상하이행 기차표를 예매하다

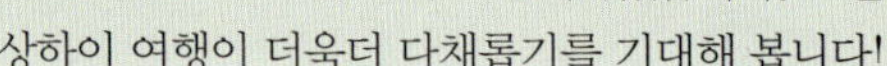

◯ **베이징 기차역**

베이징에는 베이징역(北京站), 베이징서역(北京西站), 베이징북역(北京北站), 베이징남역(北京南站) 등 4개
의 기차역이 있다. 기차표는 기차역의 매표소에 가서 직접 구매하거나 베이징 각지에 설치된 대리 판매처에서
살 수 있다.

🔵 베이징에서 상하이까지 기차를 타면?

베이징에서 상하이의 거리는 약 1,454km. 고속열차(动车组)를 타면 10시간 내외, 특급열차(特快)를 타면 13시간 내외, 완행열차(普快)를 타면 22시간 내외가 소요된다.

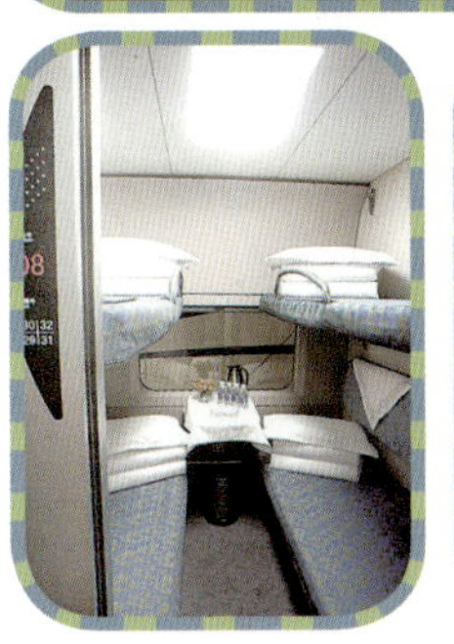

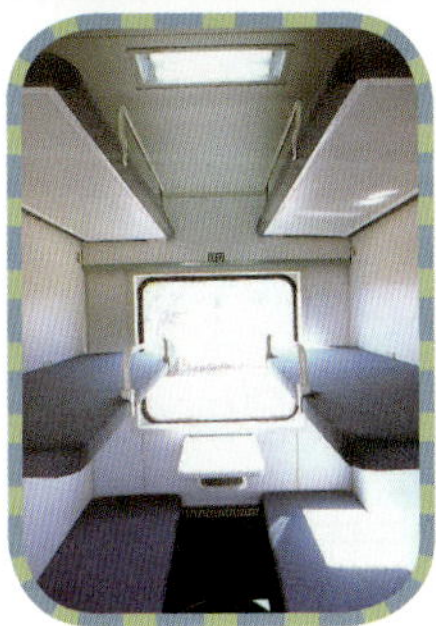

🔵 기차 객실 등급

중국의 기차 객실 등급은 푹신한 침대(软卧), 딱딱한 침대(硬卧), 푹신한 의자(软座), 딱딱한 의자(硬座)순으로 나뉜다.

🔵 베이징 대중교통

 **이명호의 이야기** 08-01

北京的工作结束了，李总给我打电话告别，
Běijīng de gōngzuò jiéshù le, Lǐ zǒng gěi wǒ dǎ diànhuà gàobié,

他请我有机会再到北京来。
tā qǐng wǒ yǒu jīhuì zài dào Běijīng lái.

终于要去上海了，我向旅行社打听火车票的情况，
Zhōngyú yào qù Shànghǎi le, wǒ xiàng lǚxíngshè dǎtīng huǒchēpiào de qíngkuàng,

火车的种类很多，有普快、特快和动车什么的。
huǒchē de zhǒnglèi hěn duō, yǒu pǔkuài、tèkuài hé dòngchē shénme de.

动车的票价最贵，要500多块，但是最快。
Dòngchē de piàojià zuì guì, yào wǔ bǎi duō kuài, dànshì zuì kuài.

就是动车，也*要十多个小时。所以我决定坐动车。
Jiùshì dòngchē, yě yào shí duō ge xiǎoshí. Suǒyǐ wǒ juédìng zuò dòngchē.

我订了明天早上七点五十分的软座票。
Wǒ dìng le míngtiān zǎoshang qī diǎn wǔshí fēn de ruǎnzuò piào.

今天要早点儿休息，期待上海之行更精彩*！
Jīntiān yào zǎo diǎnr xiūxi, qīdài Shànghǎi zhī xíng gèng jīngcǎi!

▶ 본문을 읽고 직접 해석해 보고, p.110에서 확인하세요.

告别 gàobié 이별을 고하다 / 旅行社 lǚxíngshè 여행사 / 种类 zhǒnglèi 종류 / 普快 pǔkuài 완행열차 / 特快 tèkuài 특급열차 / 动车 dòngchē 고속열차 / 软座 ruǎnzuò (열차의) 상등석, 부드럽고 편안한 좌석 / 精彩 jīngcǎi 뛰어나다, 멋지다

★ 就是……也…… : '설사 ～일지라도 ～'의 의미로 양보문에 많이 사용된다.

就是下雨也要去。 설령 비가 올지라도 가야 해요.
就是再贵一点儿，我也想买。 좀 더 비싸더라도 사고 싶어요.

★ 精彩 : 형용사 '精彩'는 '(공연, 전시회 등의 내용이) 알차다, 다채롭다'라는 뜻인데, 확장 해석
을 하면 '근사하다, 멋지다, 훌륭하다'라는 의미를 포함하고 있다.

今天的表演非常精彩。 오늘 공연은 굉장히 다채로웠어요.
这篇文章写得很精彩。 이 문장은 아주 근사하게 잘 썼어요.

Q&A 본문 읽고 대답하기

정답 p.241

1 谁给李明浩打电话告别？说了什么？
→

2 去上海的火车有什么车种？
→

3 那种火车的票价最贵？
→

4 李明浩为什么决定坐动车去上海？
→

5 李明浩有什么期待？
→

08-03

（李明浩向旅行社打听火车票的情况。）

李明浩　　：　请问开往上海的火车票，还有吗？
Lǐ Mínghào：　Qǐngwèn kāiwǎng Shànghǎi de huǒchēpiào, hái yǒu ma?

工作人员　：　您想订什么时候的？
Gōngzuò rényuán：Nín xiǎng dìng shénme shíhou de?

李明浩　　：　明天一早❷有什么车？
Lǐ Mínghào：　Míngtiān yì zǎo yǒu shénme chē?

工作人员　：　我帮您查一下……明天早上有普快、特快和动车。
Gōngzuò rényuán：Wǒ bāng nín chá yíxià……Míngtiān zǎoshang yǒu pǔkuài、tèkuài hé dòngchē.

李明浩　　：　哪种车速度最快？
Lǐ Mínghào：　Nǎ zhǒng chē sùdù zuì kuài?

工作人员　：　当然是动车。动车既快又❸舒服。
Gōngzuò rényuán：Dāngrán shì dòngchē. Dòngchē jì kuài yòu shūfu.

李明浩　　：　那请给我订一张明早的软座票，谢谢。
Lǐ Mínghào：　Nà qǐng gěi wǒ dìng yì zhāng míngzǎo de ruǎnzuòpiào, xièxie.

工作人员　：　好的，请告诉我您的姓名和护照号码。
Gōngzuò rényuán：Hǎo de, qǐng gàosu wǒ nín de xìngmíng hé hùzhào hàomǎ.

새 단어　*08-04*

开往 kāiwǎng ~으로 가다, ~을 향하여 출발하다 / **速度** sùdù 속도 / **明早** míngzǎo 내일 아침 / **姓名** xìngmíng 성명, 성과 이름

(이명호가 여행사에 기차표의 상황을 알아본다.)

이명호 ： 상하이행 기차표가 아직 있나요?

직원 ： 언제 것으로 예약하시겠습니까?

이명호 ： 내일 아침에 무슨 차가 있어요?

직원 ： 한번 알아보겠습니다. 내일 아침엔 완행, 특급, 고속열차가 있습니다.

이명호 ： 어떤 차가 제일 빠른가요?

직원 ： 당연히 고속열차가 제일 빠릅니다. 고속열차가 빠르고 편안하죠.

이명호 ： 내일 아침 특석으로 한 장 예약해 주세요. 감사합니다.

직원 ： 네, 성함과 여권번호를 알려주세요.

본문 읽고 선택하기

정답 p.241

1 李明浩订了一张明天晚上的火车票。　O　✕

2 去上海的火车有普快、特快和动车。　O　✕

3 动车的速度最快，票价也不贵。　O　✕

4 在旅行社订票只需要姓名和电话号码。　O　✕

1 请问开往上海的火车票，还有吗?

동사 '开往'은 '(차·배·비행기 등이) ~을 향하여 출발하다' '~으로 가다'의 의미입니다.

开往青岛的船，一会儿就出发。 칭다오로 가는 배가 잠시 후에 곧 출발합니다.
Kāiwǎng Qīngdǎo de chuán, yíhuìr jiù chūfā.

开往首尔的飞机，马上就要起飞了。 서울로 가는 비행기가 곧 이륙할 예정입니다.
Kāiwǎng Shǒu'ěr de fēijī, mǎshang jiù yào qǐfēi le.

2 明天一早有什么车?

'一早'는 '早上'과 비슷한 뜻이지만 시간상으로 '이른 아침'에 해당합니다. 좀 더 이른 새벽은 '一大早'라고 표현합니다.

爸爸今天一早去北京了。 아버지는 오늘 이른 아침에 베이징에 가셨어요.
Bàba jīntiān yìzǎo qù Běijīng le.

我还在睡觉呢，他一早就给我打电话。 내가 아직 자고 있는데 그가 아침 일찍 전화했어요.
Wǒ hái zài shuìjiào ne, tā yìzǎo jiù gěi wǒ dǎ diànhuà.

3 动车既快又舒服。

'既……又……'는 '又……又……'와 비슷한 표현으로, '~하기도 하고 (또) ~하기도 하다'의 의미를 나타냅니다.

这本书的内容既丰富又精彩。 이 책의 내용은 풍부하고 다채로워요.
Zhè běn shū de nèiróng jì fēngfù yòu jīngcǎi.

韩国既漂亮又干净。 한국은 아름답고 깨끗해요.
Hánguó jì piàoliang yòu gānjìng.

[자유롭게 말하기]

예시 p.241

- 韩国最快的火车是哪种？从首尔到釜山坐最快的火车要多长时间？票价一张多少钱？

- 说一说你最精彩的一次旅游。

---

half time · 신조어 · 유행어

자격증의 노예 | 证奴 zhèngnú

*证 : 증서 *奴 : 노예

현대는 자격증의 시대라고 한다. 취업을 위해, 승진을 위해, 중국인들도 하나의 자격증이라도 더 취득하기 위해 분투하고 있다. 도를 넘어 자격증에 목을 매는 사람들을 중국에서는 '证奴'라고 부른다. 심각한 것은 본말이 전도되어 자격증을 취득하기 위해 전공 공부를 소홀히 하거나 자격증만 있으면 능력을 갖췄다고 오해하는 '자격증 지상주의' 현상이다. '证奴'에서 '노예'라는 뜻의 '奴'자는 응용이 가능하다. 가령 '卡奴(신용카드의 노예)'는 여러 장의 카드를 가지고 있지만 카드 비용을 갚지 못해 '카드 돌려막기'를 하는 사람들, '孩奴(아이의 노예)'는 아이를 과잉보호하며 아이가 삶의 중심인 사람들, '房奴(집의 노예)'는 집을 사기 위해 대출을 한 뒤 대출금 상환의 부담에 허덕이는 사람들을 가리킨다.

상황회화 익히기

상황1   작별 인사 

李总	李先生，明天您就要离开北京了，祝您一路顺风。
Lǐ zǒng	Lǐ xiānsheng, míngtiān nín jiù yào líkāi Běijīng le, zhù nín yílùshùnfēng.
李明浩	谢谢，我对李总这次的安排很满意。
Lǐ Mínghào	Xièxie, wǒ duì Lǐ zǒng zhècì de ānpái hěn mǎnyì.
李总	回国后，请您替我向总经理问好。
Lǐ zǒng	Huíguó hòu, qǐng nín tì wǒ xiàng zǒngjīnglǐ wènhǎo.
李明浩	一定一定。
Lǐ Mínghào	Yídìng yídìng.

이 사장 이 선생님, 내일이면 베이징을 떠나시네요. 편안히 돌아가십시오.

이명호 감사합니다. 이번 일정이 매우 만족스러웠습니다.

이 사장 귀국하시면 사장님께 안부 전해주세요.

이명호 꼭 그렇게 하겠습니다.

▶ **一路顺风** yílùshùnfēng 가시는 길이 순조롭기를 바랍니다
▶ **替** tì 대신하다

상황2   기차역(1) 

李明浩	我要一张明早去上海的动车票。
Lǐ Mínghào	Wǒ yào yì zhāng míngzǎo qù Shànghǎi de dòngchē piào.
工作人员	您要硬座还是软座？
Gōngzuò rényuán	Nín yào yìngzuò háishi ruǎnzuò?
李明浩	我要软座，多少钱？
Lǐ Mínghào	Wǒ yào ruǎnzuò, duōshao qián?
工作人员	520块一张。
Gōngzuò rényuán	Wǔ bǎi èrshí kuài yì zhāng.

이명호 내일 아침 상하이행 고속열차표 한 장 주세요.

직원 일반석으로 드릴까요, 특석으로 드릴까요?

이명호 특석으로 주세요, 얼마예요?

직원 한 장에 520위엔입니다.

▶ **硬座** yìngzuò (기차의) 일반석, 보통석

李明浩 :	到上海要坐多长时间？
Lǐ Mínghào :	Dào Shànghǎi yào zuò duōcháng shíjiān?
工作人员 :	需要十二个小时左右。
Gōngzuò rényuán :	Xūyào shí'èr ge xiǎoshí zuǒyòu.
李明浩 :	哇！要坐那么久啊。
Lǐ Mínghào :	Wā! Yào zuò nàme jiǔ a.
工作人员 :	当然了，北京离上海有一千四百多公里呢！
Gōngzuò rényuán :	Dāngrán le, Běijīng lí Shànghǎi yǒu yì qiān sì bǎi duō gōnglǐ ne!

이명호 상하이까지 가는데 시간이 얼마나 걸려요?

직원 12시간 정도 걸립니다.

이명호 와! 그렇게나 오래요?

직원 당연하죠, 베이징에서 상하이까지 1,400km가 넘는 걸요!

▶ **公里** gōnglǐ 킬로미터(km)

刘芳 :	来上海的火车票买好了没有？
Liú Fāng :	Lái Shànghǎi de huǒchē piào mǎi hǎo le méiyǒu?
李明浩 :	已经订好了，明天晚上就能到上海。
Lǐ Mínghào :	Yǐjing dìng hǎo le, míngtiān wǎnshang jiù néng dào Shànghǎi.
刘芳 :	明天？不巧我们公司有事儿，我可能接不了你了。
Liú Fāng :	Míngtiān? Bùqiǎo wǒmen gōngsī yǒushìr, wǒ kěnéng jiē bu liǎo nǐ le.
李明浩 :	没事儿，我自己打车去饭店就行。
Lǐ Mínghào :	Méi shìr, wǒ zìjǐ dǎ chē qù fàndiàn jiù xíng.

리우팡 상하이행 기차표는 샀니?

이명호 이미 예약했어. 내일 저녁이면 상하이에 도착할 거야.

리우팡 내일? 공교롭게도 회사에 일이 생겨서 마중 못 나갈 것 같은데.

이명호 괜찮아. 나 혼자 택시 디고 호텔로 가면 돼.

▶ **不巧** bùqiǎo 유감스럽게도, 공교롭게도

 **1** 단문을 잘 듣고 질문에 대한 대답이 맞으면 ○, 틀리면 ✕를 표시하세요. | 듣기 | 08-09

1 Q : 我坐什么去天津的?

A : 我是坐动车去天津的。(　　)

2 Q : 我今天早上七点从上海出发，几点可以到北京?

A : 我明天早上七点左右可以到北京。(　　)

3 Q : 首尔离北京更远还是离东京更远?

A : 首尔离北京更远。(　　)

4 Q : 我去中国还是小王去中国?

A : 我去中国。(　　)

 **2** 두 사람의 대화를 잘 듣고 질문에 알맞은 답을 고르세요. | 듣기 |  08-10

1 女的打算怎么去旅游?

A 坐船　　　　　　　　B 坐火车　　　　　　　　C 坐飞机

2 硬座票价多少钱一张?

A 500块　　　　　　　B 470块　　　　　　　　C 550块

3 下面哪个是不对的?

A 小王可以参加欢迎会　B 小王不参加欢迎会　　C 小王晚上去见朋友

4 男的是什么意思?

A 觉得时间很长　　　　B 觉得时间不长　　　　C 觉得时间太短

 **빈칸에 들어갈 알맞은 단어를 보기에서 고르세요.** | 어휘 |

보기　　情况　　离开　　决定　　不巧　　公里

1　你 _______ 什么时候去北京留学?

2　听说中国的长城长约6,700 _______。

3　飞机九点起飞，我们最晚七点要 _______ 家。

4　我打算这个周末去看电影， _______ 票都卖完了。

순서를 알맞게 배열하여 문장을 완성하세요. | 어법 |

1　A 我们一起去吧　　B 真巧下个星期　　C 我也要去北京出差

____

2　A 订好了火车票　　B 我在网上　　C 今天晚上就能到天津

____

3　A 可以回韩国了　　B 明天我终于　　C 中国的工作都结束了

____

4　A 我们还是看看别的吧　　B 但是也最贵　　C 这双鞋最漂亮

____

scene#8 | 기차 여행 

1 상하이 가는 표는 어느 창구에서 팝니까?
去上海的票在哪个窗口卖? Qù Shànghǎi de piào zài nǎ ge chuāngkǒu mài?

2 좀 더 늦은 시간의 기차표는 없습니까?
有没有再晚一点儿的火车票? Yǒu méiyǒu zài wǎn yìdiǎnr de huǒchē piào?

3 이 기차는 상하이까지 직통으로 갑니까?
这趟火车是直达上海的吗? Zhè tàng huǒchē shì zhídá Shànghǎi de ma?

4 출발하려면 아직 멀었어요. 대합실에서 기다립시다.
离出发还早呢。我们在候车室等着吧!
Lí chūfā hái zǎo ne. Wǒmen zài hòuchēshì děng zhe ba!

5 상하이 가는 기차는 몇 번 플랫폼에서 탑니까?
去上海的火车在几号站台上车呢?
Qù Shànghǎi de huǒchē zài jǐ hào zhàntái shàngchē ne?

6 식당은 몇 번 칸에 있나요?
餐厅在几号车厢? Cāntīng zài jǐ hào chēxiāng?

7 다음 정거장은 무슨 역입니까?
下一站是哪一站? Xià yí zhàn shì nǎ yí zhàn?

8 이 역에서는 얼마나 정차합니까?
在这一站停多长时间? Zài zhè yí zhàn tíng duōcháng shíjiān?

9 이 열차는 정시에 상하이에 도착하나요?
这趟火车准时到达上海吗? Zhè tàng huǒchē zhǔnshí dàodá Shànghǎi ma?

10 상하이가 얼마 안 남았어요. 내릴 준비를 합시다.
离上海不远了。请准备下车。 Lí Shànghǎi bù yuǎn le. Qǐng zhǔnbèi xiàchē.

09 상하이에 도착하다

10시간 넘게 걸려서 드디어 상하이에 도착했습니다.
상하이 기차역은 매우 크고 사람도 많고 차도 많았습니다.
지나가는 사람에게 허핑호텔에 어떻게 가야 하는지 물어봤는데,
버스를 타는 것도 택시를 타는 것도 다 편리하다고 알려주었어요.
온종일 기차를 탔더니 조금 피곤해서 택시를 타고 갔습니다.
기사님과 얘기를 나누었는데, 나에게 상하이를 친절하게 소개해 주었어요.
창 밖으로 보이는 상하이의 발전은 정말 놀라웠어요
상하이는 정말 현대화된 국제 대도시였습니다.

◉ 상하이는?

1842년 난징(南京)조약으로 개항한 뒤 한때 동양의 진주로 불리던 상하이는 1990년대 중국 개혁 개방의 상징적인 도시로 주목받았다. 이후 성장을 거듭해 홍콩을 제치고 중국 제1의 경제 도시로 떠올랐다. 과거 조계지로서의 흔적이 남아 있는 와이탄(外灘)과 황푸강(黃浦江) 건너편의 현대적 고층빌딩은 상하이를 '과거와 현재가 공존하는' 독특한 분위기의 도시로 만들었다.

상하이역

◎ 황푸강 야경

상하이는 남북으로 관통하는 황푸강을 사이로 푸시(浦西)와
푸둥(浦东)으로 나뉜다.

◎ 상하이 인민광장

상하이 중심부로, 광장 주변으로 시 정부청사, 박물관, 대
극장, 미술관 등이 자리하고 있다.

◎ 루쉰공원

중국의 대문호 '루쉰(鲁迅, 1881~1936)'의
기념공원. 우리나라 윤봉길 의사의 도시락
폭탄 투척 현장이기도 하다.

 **이명호의 이야기** 09-01

坐了十多个小时的火车，我终于到了上海，
Zuò le shí duō ge xiǎoshí de huǒchē, wǒ zhōngyú dào le Shànghǎi,

上海火车站很大，人多车也多。
Shànghǎi huǒchēzhàn hěn dà, rén duō chē yě duō.

我向*行人打听怎么去*和平饭店，
Wǒ xiàng xíngrén dǎtīng zěnme qù Hépíng Fàndiàn,

他告诉我坐公交车或者打车都很方便。
tā gàosu wǒ zuò gōngjiāochē huòzhě dǎ chē dōu hěn fāngbiàn.

坐了一天火车我有点儿累，所以打车去了，
Zuò le yì tiān huǒchē wǒ yǒudiǎnr lèi, suǒyǐ dǎchē qù le,

我和司机聊天，他热情地给我介绍了上海 。
wǒ hé sījī liáotiān, tā rèqíng de gěi wǒ jièshào le Shànghǎi.

看着窗外，上海的发展让我吃了一惊*。
Kàn zhe chuāngwài, Shànghǎi de fāzhǎn ràng wǒ chī le yì jīng.

上海真是一个现代化的国际大都市呀！
Shànghǎi zhēnshi yí ge xiàndàihuà de guójì dàdūshì a!

▶ 본문을 읽고 직접 해석해 보고, p.124에서 확인하세요.

 **새 단어** 09-02

行人 xíngrén 행인, 길을 가는 사람 / 和平饭店 Hépíng Fàndiàn 허핑호텔 / 公交车 gōngjiāochē 시내버스 / 吃惊
chījīng 놀라다 / 现代化 xiàndàihuà 현대화 / 大都市 dàdūshì 대도시

★ 向 : '～을 향하여'라는 뜻의 개사 '向'은 뒤에 사람이 오면 어떤 동작의 행위 대상이 된다. 이때 '和'나 '跟'을 사용해도 의미는 변하지 않는다.

★ 怎么去 : 장소를 이동할 때 교통 수단을 물어볼 경우 '怎么去', 이동 방향을 물어볼 경우 '怎么走'를 사용한다.

★ 吃了一惊 : 동사 '吃惊'은 '놀라다'의 뜻이고, '吃了一惊'은 '깜짝 놀랐다'라는 표현이다.

Q&A 본문 읽고 대답하기

정답 p.242

1 李明浩坐了多长时间的火车到达上海?
→

2 李明浩觉得上海火车站怎么样?
→

3 去和平饭店坐公交车方便还是打车方便?
→

4 李明浩为什么打车去和平饭店?
→

5 李明浩觉得上海是什么样儿的城市?
→

09-03

(李明浩在去饭店的出租车上和司机聊天儿。)

李明浩 ： 请到和平饭店，谢谢。
Lǐ Mínghào： Qǐng dào Hépíng Fàndiàn, xièxie.

司机 ： 好的。您是外国人吧？是从哪儿来的？
Sījī ： Hǎo de. Nín shì wàiguórén ba? Shì cóng nǎr lái de?

李明浩 ： 我是韩国人。而且是第一次来上海。
Lǐ Mínghào： Wǒ shì Hánguórén. Érqiě shì dì yī cì lái Shànghǎi.

司机 ： 您觉得上海怎么样？
Sījī ： Nín juéde Shànghǎi zěnmeyàng?

李明浩 ： 在我看来❶，上海和首尔没什么差别了。
Lǐ Mínghào： Zài wǒ kàn lái, Shànghǎi hé Shǒu'ěr méi shénme chābié le.

司机 ： 是吗？这几年上海的确发展得比哪儿都❷快。
Sījī ： Shì ma? zhè jǐ nián Shànghǎi díquè fāzhǎn de bǐ nǎr dōu kuài.

李明浩 ： 师傅，那是黄浦江吧？哇！夜景真漂亮！
Lǐ Mínghào： Shīfu, nà shì Huángpǔjiāng ba? Wà! Yèjǐng zhēn piàoliang!

司机 ： 对。我们马上就到饭店了。
Sījī ： Duì. Wǒmen mǎshàng jiù dào fàndiàn le.

새 단어  09-04

·······································

的确 díquè 확실히, 분명히 / 师傅 shīfu 기사님, 선생님 / 黄浦江 Huángpǔjiāng 황푸강 / 夜景 yèjǐng 야경

(이명호가 호텔로 가는 택시 안에서 기사와 대화를 나눈다.)

이명호 : 허핑호텔로 가주세요. 감사합니다.

기사 : 네. 외국인이시죠? 어디에서 오셨어요?

이명호 : 저는 한국인인데 상하이엔 처음 왔어요.

기사 : 상하이 어떠세요?

이명호 : 제가 보기에 상하이는 서울과 별로 차이가 없네요.

기사 : 그래요? 요 몇 년 동안 상하이는 확실히 그 어디보다도 빠르게 발전했어요.

이명호 : 기사님, 저게 황푸강이죠? 와! 야경이 정말 아름답군요!

기사 : 네. 곧 호텔에 도착할 겁니다.

O/X 본문 읽고 선택하기

정답 p.242

1 李明浩是在韩国工作的中国人。　O　X
2 李明浩来过很多次上海。　O　X
3 上海是个古都，没有现代化的味道。　O　X
4 黄浦江的夜景很漂亮。　O　X

1. 在我看来，上海和首尔没什么差别了。

여기서 개사 '在'는 행위의 주체를 나타내며, '在我看来'는 '내가 보기에는'의 의미로 자신의 주장이나 입장을 주관적인 관점에서 표현할 때 사용합니다.

在我看来，这件事情没那么简单。 내가 보기에, 이 일은 그렇게 간단하지 않아요.
Zài wǒ kànlái, zhè jiàn shìqing méi nàme jiǎndān.

这部电影在我看来，内容上有问题。 이 영화는 내가 보기에 내용상에 문제가 있어요.
Zhè bù diànyǐng zài wǒ kànlái, nèiróng shang yǒu wèntí.

2. 这几年上海的确发展得比哪儿都快。

세 가지 이상을 비교할 때는 '比+의문대사+都'의 형식을 이용하여 표현할 수 있습니다.

韩国的天气比哪个国家的都好。 한국 날씨는 그 어느 나라보다 좋아요.
Hánguó de tiānqì bǐ nǎ ge guójiā de dōu hǎo.

我男朋友比谁都帅。 내 남자친구는 그 누구보다도 잘 생겼어요.
Wǒ nán péngyou bǐ shéi dōu shuài.

박쌤의 어휘 클리닉　　샘, '师傅'라는 호칭은 요즘 누구에게 사용할 수 있나요?

택시기사를 일반적으로 '师傅'라고 많이 부르는 건 건 알지? '师傅'는 원래 기예나 기능을 전수하는 '스승' '사부'를 칭하는 단어였는데, 요즘에는 전문 기술을 가진 사람을 일컫는 호칭으로 많이 사용해. 자전거 수리공, 요리사, 정비사 등 전문 기술을 가진 사람에게 남자, 여자를 막론하고 편하게 사용할 수 있어.

[자유롭게 말하기]

예시 p.242

- 你觉得做生意更好还是上班更好？为什么？

- 从学校（公司）去你家交通方不方便？

---

half time | **신조어 · 유행어**

은둔형 외톨이 | 宅男、宅女 zháinán、zháinǚ

* 宅 : 주택, 거주지

'宅'라는 글자에서 알 수 있듯 집에 머물러 있는 것을 좋아하고 인간관계가 편협되어 있으며 외부와의 교류를 꺼리는 사람들을 말한다. 우리말로는 '은둔형 외톨이(히키코모리)'가 가장 근접한 표현일 듯하다. 이들에게 유일한 소통 수단이 있으니 그것은 인터넷. 하루 종일 집, 심지어 방에서 한 발자국도 나가지 않고 인터넷을 통해 음식을 주문하거나 인터넷상의 친구들과 교류하기도 한다. 어원은 일본의 '오타쿠(お宅)'에서 비롯되었지만 '宅'의 의미가 강조되어 의미가 바뀌었으니 주의할 것!!

상황 1   기차에서(1) 

同座	就快到上海了。你去上海有什么事?
Tóngzuò	Jiù kuài dào Shànghǎi le. Nǐ qù Shànghǎi yǒu shénme shì?
李明浩	我去看朋友。你呢?
Lǐ Mínghào	Wǒ qù kàn péngyou. Nǐ ne?
同座	我是在上海做生意的。
Tóngzuò	Wǒ shì zài Shànghǎi zuò shēngyi de.
李明浩	啊，原来你是老板呀！
Lǐ Mínghào	À, yuánlái nǐ shì lǎobǎn a!

동석자 곧 상하이에 도착할 거예요. 상하이에 무슨 일로 가세요?

이명호 친구 만나러 가요. 그쪽은요?

동석자 저는 상하이에서 사업을 해요.

이명호 아, 사장님이셨구나!

▶ 做生意 zuò shēngyi 장사를 하다, 사업을 하다
▶ 老板 lǎobǎn 사장, 주인

상황 2   기차에서(2) 

李明浩	听说上海有很多酒店，你能给我推荐一家吗?
Lǐ Mínghào	Tīngshuō Shànghǎi yǒu hěn duō jiǔdiàn, nǐ néng gěi wǒ tuījiàn yì jiā ma?
同座	我觉得和平饭店不错。
Tóngzuò	Wǒ juéde Hépíng Fàndiàn búcuò.
李明浩	是吗，为什么呢?
Lǐ Mínghào	Shì ma, wèishénme ne?
同座	和平饭店在世界上很有名，连美国总统都住过呢！
Tóngzuò	Hépíng Fàndiàn zài shìjiè shang hěn yǒumíng, lián Měiguó zǒngtǒng dōu zhù guo ne!

이명호 상하이에는 호텔이 아주 많다던데, 한 곳 추천해 주시겠어요?

동석자 제 생각엔 허핑호텔이 괜찮아요.

이명호 그래요? 왜요?

동석자 허핑호텔은 세계적으로 유명해요. 미국 대통령도 그곳에 묵은 적이 있다니까요!

▶ 酒店 jiǔdiàn 대형 호텔
▶ 推荐 tuījiàn 추천하다, 소개하다
▶ 总统 zǒngtǒng 총통, 대통령

李明浩 : 从火车站怎么去和平饭店?
Lǐ Mínghào : Cóng huǒchēzhàn zěnme qù Hépíng Fàndiàn?

行人 : 饭店在外滩附近，坐地铁或者打车都很方便。
Xíngrén : Fàndiàn zài Wàitān fùjìn, zuò dìtiě huòzhě dǎchē dōu hěn fāngbiàn.

李明浩 : 那我还是打车去吧。
Lǐ Mínghào : Nà wǒ háishi dǎchē qù ba.

行人 : 祝你旅途愉快。
Xíngrén : Zhù nǐ lǚtú yúkuài.

이명호 기차역에서 허핑호텔까지 어떻게 가요?

행인 호텔이 와이탄 근처에 있어서 지하철을 타거나 택시를 타거나 다 편리해요.

이명호 그러면 택시를 타고 가야겠네요.

행인 즐거운 여행 되세요.

▶ 旅途 lǚtú 여정, 여행 도중

李明浩 : 路两旁的高楼大厦真不少啊！
Lǐ Mínghào : Lù liǎngpáng de gāolóu dàshà zhēn bùshǎo a!

司机 : 上海的经济这几年发展得一年比一年快。
Sījī : Shànghǎi do jīngjì zhè jǐ nián fāzhǎn de yì nián bǐ yì nián kuài.

李明浩 : 听说很多跨国企业都在上海有分公司。
Lǐ Mínghào : Tīngshuō hěn duō kuàguó qǐyè dōu zài Shànghǎi yǒu fēngōngsī.

司机 : 人们都说上海是中国的经济中心嘛。
Sījī : Rénmen dōu shuō Shànghǎi shì Zhōngguó de jīngjì zhōngxīn ma.

이명호 길 양쪽으로 고층빌딩이 정말 많군요!

기사 상하이 경제가 요 몇 년 사이에 한 해가 다르게 빨리 발전하고 있어요.

이명호 듣자 하니 많은 다국적기업들이 모두 상하이에 지사를 두고 있다고 하던데요.

기사 모두들 상하이가 중국의 경제 중심 도시라고 말하잖아요.

▶ 两旁 liǎngpáng 좌우 양 옆, 두 곳
▶ 高楼大厦 gāolóu dàshà 고층 빌딩. 고층 건물
▶ 跨国企业 kuàguó qǐyè 다국적기업
▶ 分公司 fēngōngsī 지점, 지사

1 단문을 잘 듣고 질문에 대한 대답이 맞으면 ○, 틀리면 ✕를 표시하세요. | 듣기 |  09-09

1 Q : 我是从北京去香港的吗?

A : 我不是从北京去香港的。(　　)

2 Q : 我觉得南京的天气怎么样?

A : 我觉得南京没有我想象的热。(　　)

3 Q : 为什么说上海是中国的经济中心?

A : 上海有很久的历史。(　　)

4 Q : 我的英语说得怎么样?

A : 我的英语说得很好。(　　)

2 두 사람의 대화를 잘 듣고 질문에 알맞은 답을 고르세요. | 듣기 |  09-10

1 李先生打算怎么回酒店?

A 坐火车　　　　　　　B 坐地铁　　　　　　　C 打车

2 女的觉得北京烤鸭味道怎么样?

A 很好吃　　　　　　　B 味道一般　　　　　　C 一点也不好吃

3 他们现在在哪儿?

A 地铁上　　　　　　　B 公共汽车上　　　　　　C 出租车上

4 女的请男的帮什么忙?

A 推荐好的英文书　　　B 介绍一位英语老师　　　C 介绍一位韩语老师

 빈칸에 들어갈 알맞은 단어를 보기에서 고르세요. | 어휘 |

原来　　终于　　热情　　推荐　　的确

1 我们坐了六个半小时的飞机，_______ 到了新加坡。

2 最近有什么好看的电影，给我 _______ 一部吧。

3 我向服务员打听，他们很 _______ 地告诉我

4 _______ 你是韩国人啊！一点儿都看不出来！

순서를 알맞게 배열하여 문장을 완성하세요. | 어법 |

1 A 我自己打车　　　B 不巧朋友有事　　　C 去了饭店

____

2 A 我第一次听到王小姐唱歌　　　B 让我吃了一惊　　　C 她唱得真好

____

3 A 以前还在那儿留学过三年　　　B 第一次去英国的　　　C 我不是

____

4 A 没有我想象的高　　　B 但是长得很漂亮　　　C 他的女朋友

____

1 가장 가까운 지하철역이 어디에 있어요?
最近的地铁站在哪儿? Zuì jìn de dìtiězhàn zài nǎr?

2 3호선으로 갈아타려면 어느 쪽으로 가야 돼요?
换乘3号线应该往哪儿走? Huànchéng sān hàoxiàn yīnggāi wǎng nǎr zǒu?

3 인민광장에 가려면 몇 번 버스를 타야 하나요?
去人民广场坐几路车? Qù Rénmín guǎngchǎng zuò jǐ lù chē?

4 925번 버스 정류장은 어디에요?
请问925路的车站在哪儿? Qǐng wèn jiǔ èr wǔ lù de chēzhàn zài nǎr?

5 푸단대학교까지 몇 정거장이 남았어요?
到复旦大学还有几站? Dào Fùdàn Dàxué hái yǒu jǐ zhàn?

6 걸어 가면 좀 멀어요. 택시를 타는 것이 좋겠어요.
走着去有点儿远，最好打车去。 Zǒu zhe qù yǒudiǎnr yuǎn, zuìhǎo dǎchē qù.

7 지금은 러시아워도 아닌데 왜 이렇게 길이 막혀요?
现在还不是高峰时间，怎么这么堵?
Xiànzài hái búshì gāofēng shíjiān, zěnme zhème dǔ?

8 시간이 급해요. 가장 빠른 길로 가주세요.
来不及了，怎么快怎么走吧。 Lái bu jí le, zěnme kuài zěnme zǒu ba.

9 다음 사거리에서 유턴해 주세요.
请在下一个十字路口儿掉(调)头。 Qǐng zài xià yí ge shízìlùkǒur diàotóu.

10 좌회전해서 육교 밑에 세워주세요.
往左拐，然后在天桥底下停。 Wǎng zuǒ guǎi, ránhòu zài tiānqiáo dǐxia tíng.

10

허핑 호텔에 묵다

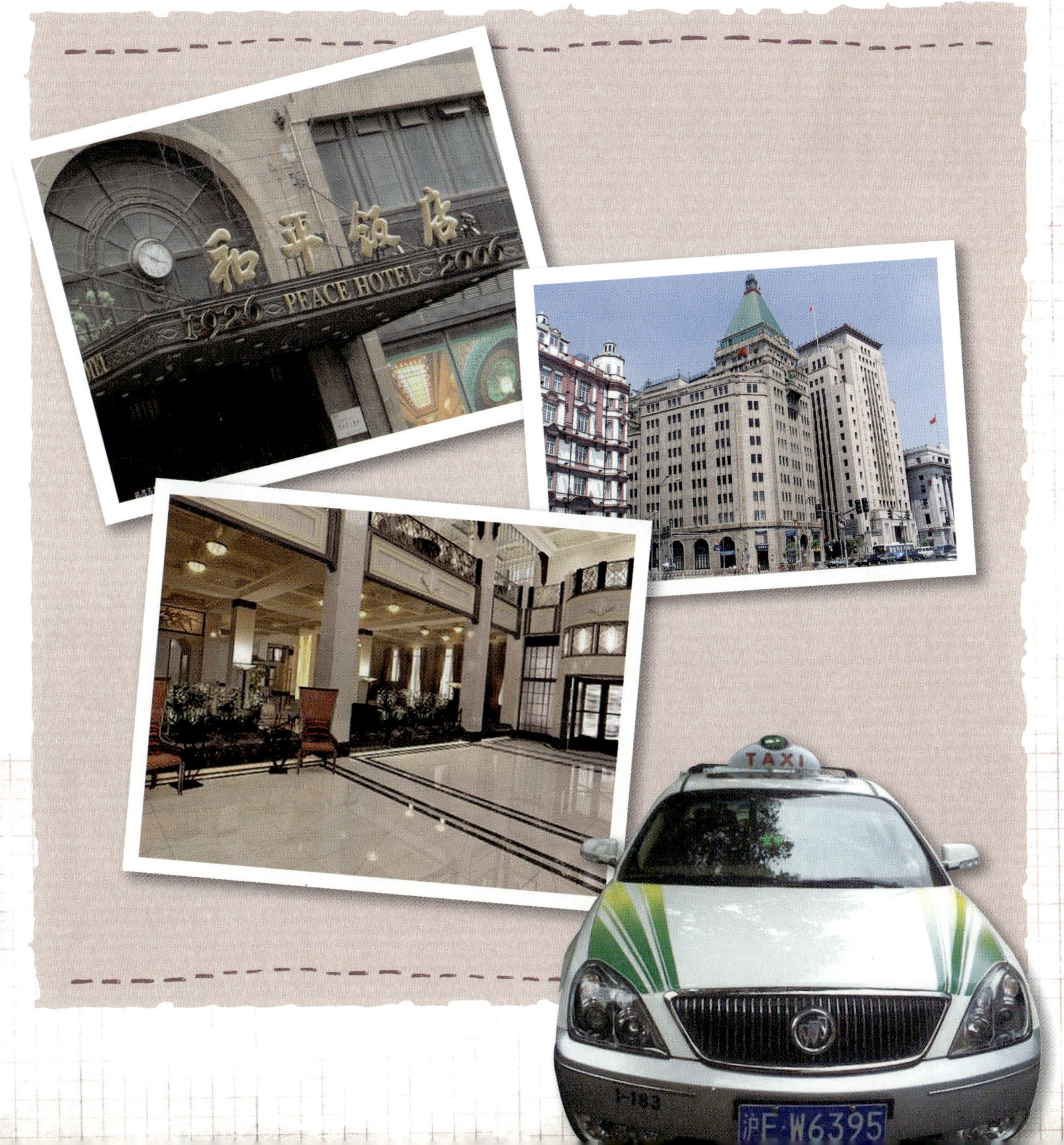

허핑호텔은 와이탄에서 가장 가까운 5성급 호텔로,
100년이 넘는 역사를 가지고 있다고 합니다.
아쉽게도 지금 성수기라 싱글룸은 예약이 다 찼고, 더블룸만 남아 있었어요.
더블룸은 비싸지만 달리 방법이 없어 그곳으로 정하는 수밖에 없었죠.
호텔 직원이 짐을 내 방까지 옮겨다 주었어요.
방에서 와이탄과 푸둥의 아름다운 경치를 볼 수가 있었죠.
호텔에는 레스토랑, 바, 피트니스 클럽, 비즈니스 센터 등이 있고,
아침식사와 무료인터넷 등의 서비스가 제공되며 시설도 매우 완벽했습니다.

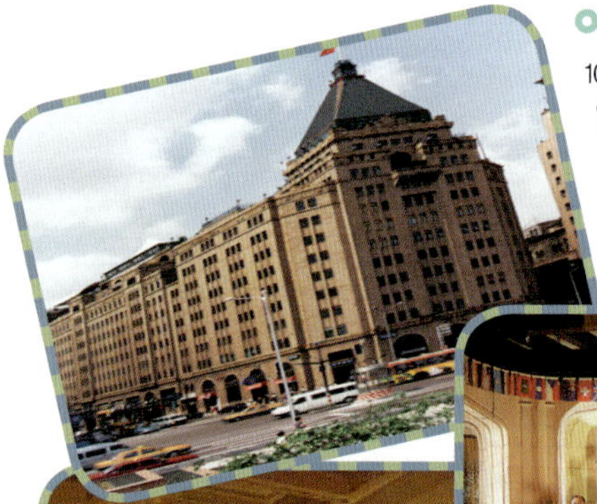

○ 허핑호텔

100년의 역사를 자랑하는 허핑호텔(和平饭店)은 상하이의 역사가 그대로 담겨 있는 상징적인 건물이다. 1920년대 남쪽 건물에 이어 30년대 북쪽 건물을 추가하여 2동의 건물로 되어있다. 개업 당시 중국 최고의 호텔로 손꼽히며 정치, 금융, 연예계의 주요 무대로 국내외의 각광을 받았다. 상하이 엑스포를 앞두고 리모델링을 거쳐 2010년 재개장했다.

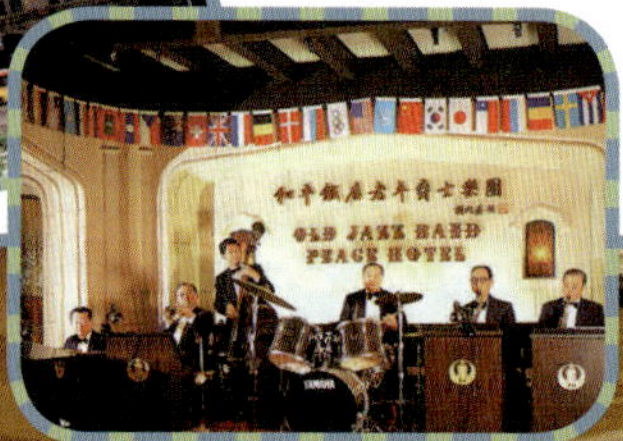

○ 허핑호텔 재즈악단

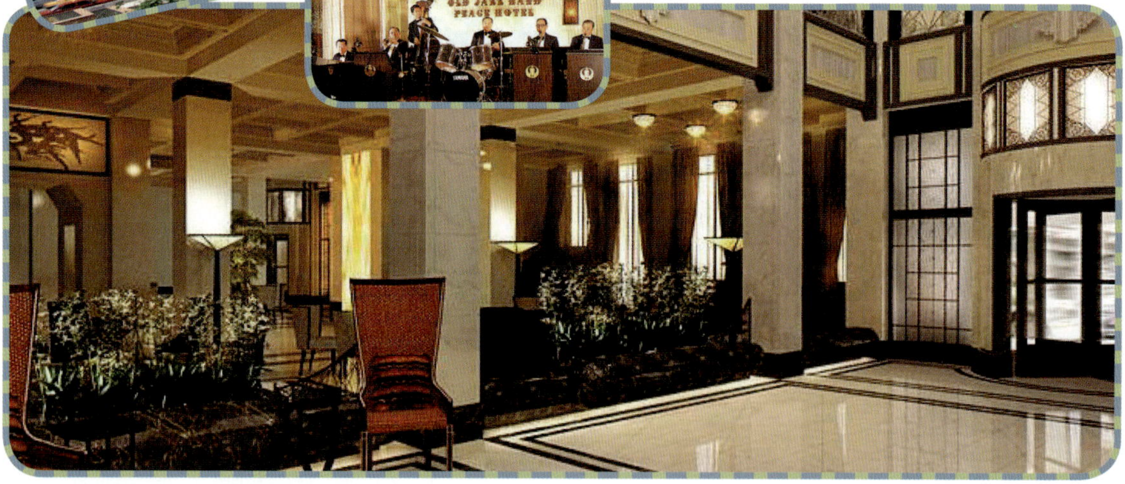

◎ 상하이 도로

◎ 상하이 대중교통

 **이명호의 이야기** 10-01

和平饭店是离外滩最近的五星级饭店，
Hépíng Fàndiàn shì lí Wàitān zuì jìn de wǔ xīngjí fàndiàn,

听说已经有100多年的历史了*。
tīngshuō yǐjing yǒu yì bǎi duō nián de lìshǐ le.

可惜现在是旺季，单人间都订满了，*只剩下标准间了。
Kěxī xiànzài shì wàngjì, dānrénjiān dōu dìng mǎn le, zhǐ shèngxià biāozhǔnjiān le.

标准间贵是贵，但是没办法，我只好订了一间。
Biāozhǔnjiān guì shì guì, dànshì méi bànfǎ, wǒ zhǐhǎo dìng le yì jiān.

服务员帮我把行李拿到了我的房间，
Fúwùyuán bāng wǒ bǎ xíngli ná dào le wǒ de fángjiān,

从房间就可以看到外滩和浦东的美景。
cóng fángjiān jiù kěyǐ kàn dào Wàitān hé Pǔdōng de měijǐng.

饭店里有西餐厅、酒吧、健身房、商务中心等等，
Fàndiàn li yǒu xīcāntīng、jiǔbā、jiànshēnfáng、shāngwù Zhōngxīn děngděng,

还提供早餐和免费上网等服务，设施很齐全。
hái tígōng zǎocān hé miǎnfèi shàngwǎng děng fúwù, shèshī hěn qíquán.

▶ 본문을 읽고 직접 해석해 보고, p.138에서 확인하세요.

 **새 단어** 10-02

外滩 Wàitān 와이탄[지명] / 星级 xīngjí 호텔 등급 / 可惜 kěxī 아쉽다, 유감스럽다 / 旺季 wàngjì 성수기 / 单人间 dānrénjiān 싱글룸 / 剩下 shèngxià 남다, 남기다 / 标准间 biāozhǔnjiān 일반룸, 더블룸 / 浦东 Pǔdōng 푸둥[지명] / 西餐厅 xīcāntīng 양식당, 레스토랑 / 酒吧 jiǔbā 술집, 바(bar) / 商务中心 shāngwù zhōngxīn 비지니스 센터 / 齐全 qíquán 완비하다, 완벽히 갖추다

★ **有100多年的历史了** : '有+(시간의 양)+了'는 '시간이 얼마만큼 경과되었다'라는 의미를 나타낸다.

首尔已经有600多年的历史了。 서울은 이미 600여 년의 역사를 가지고 있다
我在这个公司工作有5年了。 나는 이 회사에서 근무한 지 5년이 되었어요.

★ **订满了** : 동사 '订' 뒤에 결과보어 '满'이 사용된 표현으로, '예약이 꽉 찼다'라는 의미이다.

Q&A　본문 읽고 대답하기

정답 p.243

1 和平饭店在哪儿? 是几星级的?
→

2 李明浩为什么订了标准间?
→

3 服务员帮李明浩做什么了?
→

4 从李明浩订的房间可以看到什么?
→

5 饭店还提供什么服务? 设施怎么样?
→

（李明浩到了和平饭店。）

李明浩 ： 请问，有空房间吗?
Lǐ Mínghào： Qǐngwèn, yǒu kòng fángjiān ma?

前台 ： 请稍等，我帮您查一下。
Qiántái ： Qǐng shāo děng, wǒ bāng nín chá yíxià.

李明浩 ： 我要一个单人间。
Lǐ Mínghào： Wǒ yào yí ge dānrénjiān.

前台 ： 不好意思。单人间都住满了，只有标准间了。
Qiántái ： Bùhǎoyìsi. Dānrénjiān dōu zhù mǎn le, zhǐyǒu biāozhǔnjiān le.

李明浩 ： 标准间一天多少钱?
Lǐ Mínghào： Biāozhǔnjiān yì tiān duōshao qián?

前台 ： 一天950块，押金另付[1]。
Qiántái ： Yì tiān jiǔ bǎi wǔshí kuài, yājīn lìngfù.

李明浩 ： 好吧，请给我一个可以看到外滩风景的房间。
Lǐ Mínghào： Hǎo ba, qǐng gěi wǒ yí ge kěyǐ kàn dào wàitān fēngjǐng de fángjiān.

前台 ： 好的，这是您的房卡。希望您住宿愉快[2]。
Qiántái ： Hǎo de, zhè shì nín de fángkǎ. Xīwàng nín zhùsù yúkuài.

새 단어 

押金 yājīn 보증금, 담보금 / **另付** lìngfù (돈 등을) 별도로 지불하다 / **住宿** zhùsù 묵다, 숙박하다

O/X 본문 읽고 선택하기

정답 p.243

1 李明浩不想住单人间，想住标准间。　O　×

2 现在不是旺季，什么房间都有。　O　×

3 标准间一天950块，早餐另付。　O　×

4 从房间可以看到外滩和浦东的风景。　O　×

1 一天950块，押金另付。

명사 '押金'은 '보증금'을 뜻하고, '另'은 부사로 '따로, 별도로', 동사 '付'는 '지불하다'라는 의미입니다. 따라서 '보증금은 별도로 지불해야 한다.'라는 표현입니다.

早餐费用另付吗?　아침식사 비용은 따로 지불해요?
Zǎocān fèiyòng lìngfù ma?

在北京租房子要押金吗?　베이징에서 집을 빌리려면 보증금이 필요해요?
Zài Běijīng zū fángzi yào yājīn ma?

2 希望您住宿愉快。

'住宿愉快'는 '숙박기간 동안 즐겁게 지내세요.'라는 뜻입니다. 중국어에서는 네 글자를 이용해 간단하게 표현하는 경우가 많습니다.

周末愉快！　주말 잘 보내세요.
Zhōumò yúkuài!

旅途愉快！　즐거운 여행 되세요.
Lǚtú yúkuài!

샘, 호텔에서 '标准间'은 방 하나에 침대가 두 개 있는 방이잖아요. 그러면 더블침대가 있는 방은 중국어로 뭐라고 해요?

더블침대가 있는 방은 '大床间(dàchuángjiān)'이라고 해. 다른 것도 배워볼까? 스위트룸은 '套房(tàofáng)'이야. 침실과 거실이 세트로 구비되어 있다는 뜻이지. 로얄 스위트룸은 '总统套房(zǒngtǒng tàofáng)'이고, 만일 2인실에 침대 하나를 더 추가하려고 할 때는 '可以加床吗？'라고 하면 돼.

[자유롭게 말하기]

예시 p.243

- 你喜欢旺季去旅游还是淡季去旅游？为什么？

- 到远地方去旅游的时候，你要住饭店还是住朋友家？为什么？

---

half time 　신조어 · 유행어

잡채 만드는 당면이 아니라오 ｜ 粉丝 fěnsī

＊粉丝 : 당면, 팬

일본에선 배용준과 동방신기가, 미국에선 비와 원더걸스, 중국에선 슈퍼주니어, 장나라 등, 한국의 많은 스타가 세계 각국에서 많은 인기를 끌며 한류열풍을 일으키고 있다. 중국에서는 특정 대상을 열렬히 아끼고 따르는 사람을 歌迷(음악 팬), 球迷(구기종목에 대한 팬), 影迷(영화 팬)와 같이 뒤에 '迷'를 붙여 부른다. 하지만 영어 FAN의 발음에서 만들어진 '粉丝' 역시 광범위하게 쓰이고 있다. 원래 당면이란 뜻의 粉丝, "我是金妍儿的粉丝。"를 "나는 김연아의 당면이야."라고 잘못 이해하는 일은 없길 바란다.

상황 1 — 호텔 로비에서 

大堂经理	先生，您好，欢迎光临和平饭店。
Dàtáng jīnglǐ	Xiānsheng, nín hǎo, huānyíng guānglín Hépíng Fàndiàn.
李明浩	你们的饭店历史很久了吧?
Lǐ Mínghào	Nǐmen de fàndiàn lìshǐ hěn jiǔ le ba?
大堂经理	和平饭店早在100多年前就建成了。
Dàtáng jīnglǐ	Hépíng Fàndiàn zǎo zài yì bǎi duō nián qián jiù jiànchéng le.
李明浩	原来如此！难怪这么有名。
Lǐ Mínghào	Yuánlái rúcǐ! Nánguài zhème yǒumíng.

지배인 손님, 안녕하세요. 허핑호텔에 오신 것을 환영합니다.

이명호 이 호텔은 역사가 아주 깊죠?

지배인 허핑호텔은 100여 년 전에 지어졌습니다.

이명호 그렇군요! 어쩐지 그래서 이렇게 유명하군요.

▶ **大堂经理** dàtáng jīnglǐ 지배인, 매니저[호텔에서 벨 보이, 포터 등을 총괄하는 직원]

상황 2 — 호텔 프런트에서(1) 

李明浩	这个登记表怎么填?
Lǐ Mínghào	Zhè ge dēngjìbiǎo zěnme tián?
前台	把您的姓名和护照号码写在这儿。
Qiántái	Bǎ nín de xìngmíng hé hùzhào hàomǎ xiě zài zhèr.
李明浩	这儿也要填吗?
Lǐ Mínghào	Zhèr yě yào tián ma?
前台	不用了，这样就可以了。
Qiántái	Bú yòng le, zhèyàng jiù kěyǐ le.

이명호 이 숙박카드는 어떻게 작성합니까?

프런트 성함과 여권번호를 여기에 적어주세요.

이명호 여기도 써야 하나요?

프런트 아니요, 이걸로 됐습니다.

▶ **登记表** dēngjìbiǎo 등기용지

호텔 프런트에서(2) 

李明浩 : 请问我的房间在几楼? 几号房间?
Lǐ Mínghào : Qǐngwèn wǒ de fángjiān zài jǐ lóu? Jǐ hào fángjiān?

前台 : 8楼808号，您的房间朝南。
Qiántái : Bā lóu bā líng bā hào, nín de fángjiān cháo nán.

李明浩 : 房费包括早餐吗?
Lǐ Mínghào : Fángfèi bāokuò zǎocān ma?

前台 : 我们免费提供早餐和24小时上网服务。
Qiántái : Wǒmen miǎnfèi tígōng zǎocān hé èrshísì xiǎoshí shàngwǎng fúwù.

이명호 제 방은 몇 층, 몇 호죠?

프런트 8층 808호입니다. 남향이에요.

이명호 객실료에 아침식사가 포함되나요?

프런트 저희 호텔은 아침식사와 24시간 인터넷 서비스를 무료로 제공합니다.

▶ 朝 cháo ~을(를) 향하여, ~쪽으로
▶ 包括 bāokuò 포함하다

호텔 객실에서 

行李员 : 先生，这是您的房间。
Xíngliyuán : Xiānsheng, zhè shì nín de fángjiān.

李明浩 : 这房间还可以看到黄浦江的景色呢。
Lǐ Mínghào : Zhè fángjiān hái kěyǐ kàn dào Huángpǔjiāng de jǐngsè ne.

行李员 : 因为您订的不是江景房嘛。
Xíngliyuán : Yīnwèi nín dìng de bú shì jiāngjǐngfáng ma.

李明浩 : 真不错，又大又干净。
Lǐ Mínghào : Zhēn búcuò, yòu dà yòu gānjìng.

벨보이 선생님, 이 객실입니다.

이명호 이 방에서 황푸강의 경치도 볼 수 있네요.

벨보이 강이 보이는 방으로 선택하셨으니까요.

이명호 정말 좋네요, 크고 깨끗하군요.

▶ 行李员 xíngliyuán 벨보이, 객실 안내원, 수하물 담당자
▶ 景色 jǐngsè 풍경, 경치

1 단문을 잘 듣고 질문에 대한 대답이 맞으면 ○, 틀리면 ✕를 표시하세요. | 듣기 | 10-09

1 Q : 我在哪儿要干什么?

A : 我在超市，我要买水果。（　　）

2 Q : 标准间比单人间贵多少钱?

A : 标准间比单人间贵90块。（　　）

3 Q : 住一天标准间一共要付多少钱?

A : 住一天标准间一共要付1100元。（　　）

4 Q : 登记表上不需要写什么?

A : 登记表上不需要写护照号码和姓名。（　　）

2 두 사람의 대화를 잘 듣고 질문에 알맞은 답을 고르세요. | 듣기 | 10-10

1 男的为什么要给前台打电话?

A 房间太大　　　　　　B 房间不太大　　　　　　C 房间不干净

2 男的为什么没去香港?

A 没有机票了　　　　　B 机票太贵了　　　　　　C 忘了订机票

3 男的在干什么?

A 打听房价　　　　　　B 入住饭店　　　　　　　C 买单结账

4 为什么这学校的外国留学生很多?

A 学校又大又干净　　　B 学校很有名　　　　　　C 学校是刚建成的

 **빈칸에 들어갈 알맞은 단어를 보기에서 고르세요.** | 어휘 |

보기   旺季   只好   难怪   包括   免费

1 我们班 ＿＿＿＿＿＿ 老师，一共是32个人。

2 原来他是在美国长大的，＿＿＿＿＿＿ 英语说得那么好。

3 在商务中心上网不收费，都是 ＿＿＿＿＿＿ 的。

4 这附近没有地铁站，也没有公共汽车站，我 ＿＿＿＿＿＿ 走着去。

순서를 알맞게 배열하여 문장을 완성하세요. | 어법 |

1　A 可惜这次来中国　　　B 下次再去广州看你吧　　　C 时间太紧

____

2　A 我买不起　　　B 但是太贵了　　　C 那包儿好是好

____

3　A 换一个可以看到夜景的座位　　　B 在这里看不到呢　　　C 请给我

____

4　A 我们帮您送到房间　　　B 放在这儿　　　C 请把您的行李

____

1 사우나는 몇 층에 있습니까?
桑拿浴在几楼? Sāngnáyù zài jǐ lóu?

2 내일 아침 6시에 모닝콜을 부탁합니다.
请明天早上6点叫醒我。 Qǐng míngtiān zǎoshang liù diǎn jiàoxǐng wǒ.

3 아침식사는 몇 시부터 몇 시까지 입니까?
早餐从几点到几点? Zǎocān cóng jǐ diǎn dào jǐ diǎn?

4 세탁물이 있는데 언제 찾을 수 있나요?
我有衣服要洗，什么时候可以洗好? Wǒ yǒu yīfu yào xǐ, shénme shíhou kěyǐ xǐ hǎo?

5 제 방의 전등이 고장 났어요. 사람을 보내주세요.
我房间的灯坏了，请找个人过来看一下。
Wǒ fángjiān de dēng huài le, qǐng zhǎo ge rén guòlai kàn yíxià.

6 에어컨이 너무 센 데, 리모컨이 어디에 있는지 못 찾겠어요.
空调开得太大了，我找不到遥控器。
Kōngtiáo kāi de tài dà le, wǒ zhǎo bu dào yáokòngqì.

7 방에 룸 카드를 두고 나왔어요.
我把房卡落在房间里了。 Wǒ bǎ fángkǎ là zài fángjiān li le.

8 차를 마시고 싶은데 뜨거운 물이 없군요.
我想喝茶，可是没有热水。 Wǒ xiǎng hē chá, kěshì méiyǒu rèshuǐ.

9 방이 너무 시끄러워요. 조용한 방으로 바꿔줄 수 있나요?
这房间太吵，可以给我换一个安静点儿的吗?
Zhè fángjiān tài chǎo, kěyǐ gěi wǒ huàn yí ge ānjìng diǎnr de ma?

10 방이 너무 어두워요. 빛이 잘 드는 방으로 바꿔주세요.
这房间太暗，请给我换一个光线好的房间。
Zhè fángjiān tài àn, qǐng gěi wǒ huàn yí ge guāngxiàn hǎo de fángjiān.

제8일 PM 01:00

와이탄을 거닐다

나는 베이징의 옛 동창인 리우팡에게 연락했어요. 그녀는 지금 상하이에서 일하고 있거든요. 우리는 와이탄의 스타벅스에서 만나기로 약속했어요. 상하이의 봄은 서울과 비슷해서 춥지도 않고 덥지도 않아요. 우리는 커피를 마시며 이야기를 나누었어요. 와이탄은 예전에 조계지역이었는데, 여러 유럽식 건축물들이 대단히 아름다워요. 강 건너 푸둥을 바라보며 나는 중국 경제의 급속한 발전을 깊이 느낄 수 있었습니다. 항저우는 천당과 같이 아름답다는데 이번 주말에 가 보고 싶어요. 리우팡에게 같이 가자고 했더니 그녀도 흔쾌히 승낙했습니다.

🔵 와이탄

상하이의 상징인 와이탄은 전체길이가 약 1.8km이며, 다양한 국가의 건축 양식이 모여 있어서 '세계건축박물관'이라고 불린다. 넓은 제방을 따라 황푸강의 경관을 즐기려는 관광객들이 항상 붐비고, 밤이 되면 화려한 조명이 전체 제방을 비추어 유럽 도시에 와 있는 듯한 느낌이 든다.

2010년 3월, 와이탄은 엑스포를 맞이하여 33개월간의 재단장을 마치고 새로운 모습으로 관광객을 맞이하게 되었다.

○ **연인벽**

연인들이 1미터도 안 되는 거리마다 가득하다고 해
서 이름 붙여진 '연인벽(情人墙)'

○ **와이탄 금융거리**

와이탄 금융거리 내에 월스트리트
황금소상을 본딴 중국판 황금소상
(金融牛)이 세워져 있다.

○ **외이탄에서 바라본 푸둥**

○ **황푸공원**

1868년 영국인에 의해 만들어진 황푸공원은 당시에는 '퍼블
릭 가든'이라고 하여 외국인 전용 공원이었다. 공원입구에는
'중국인과 개는 들어가지 못한다(华人与狗不得入内).'라고
쓰여 있었다. 이 간판은 1928년에 없어졌다.

독해 실력 키우기

 이명호의 이야기 · 11-01

我联系了北京的老同学刘芳，她现在在上海工作。
Wǒ liánxì le Běijīng de lǎo tóngxué Liú Fāng, tā xiànzài zài Shànghǎi gōngzuò.

我们约好在外滩的星巴克见面。
Wǒmen yuē hǎo zài Wàitān de Xīngbākè jiànmiàn.

上海的春天和首尔差不多，不冷不热。
Shànghǎi de chūntiān hé Shǒu'ěr chàbuduō, bù lěng bú rè.

我们一边儿喝咖啡，一边*儿聊天。
Wǒmen yìbiānr hē kāfēi, yìbiānr liáotiān.

外滩以前是租界，各种欧式建筑十分漂亮。
Wàitān yǐqián shì zūjiè, gèzhǒng ōushì jiànzhù shífēn piàoliang.

望着对岸的浦东，我深深地感到中国经济的飞速发展*。
Wàng zhe duì'àn de Pǔdōng, wǒ shēnshēnde gǎndào Zhōngguó jīngjì de fēisù fāzhǎn.

听说杭州像人间天堂*一样美，这个周末我想去看看。
Tīngshuō Hángzhōu xiàng rénjiān tiāntáng yíyàng měi, zhè ge zhōumò wǒ xiǎng qù kànkan.

我让刘芳陪我一起去，她高兴地答应了。
Wǒ ràng Liú Fāng péi wǒ yìqǐ qù, tā gāoxìngde dāying le.

▶ 본문을 읽고 직접 해석해 보고, p.152에서 확인하세요.

 새 단어 · 11-02

星巴克 Xīngbākè 스타벅스[커피전문점] / 租界 zūjiè 조계[식민지 국가를 강압하여 개항시킨 도시의 외국인 거주지] / 欧式 ōushì 유럽 스타일, 유럽풍 / 对岸 duì'àn 맞은편 기슭 / 飞速 fēisù 나는 듯이 빠르다, 급속하다 / 杭州 Hángzhōu 항저우[지명] / 天堂 tiāntáng 천당, 천국

★ 一边……一边…… : '~하면서 ~하다'의 의미로, 두 가지 동작이 동시에 진행됨을 나타낸다.
　　　　　　　　　　비슷한 표현으로 '一面……一面……'이 있다.

★ 飞速发展 : '날아가는 듯한 속도로 발전하다' 즉, '발전하는 속도가 매우 빠르다'라는 의미이다.

★ 人间天堂 : 천당과 같이 아름다운 곳을 일컫는 표현이다.

Q&A　**본문 읽고 대답하기**　　　정답 p.244

1　刘芳是谁?
　　→

2　外滩为什么有很多欧式建筑?
　　→

3　李明浩望着对岸的浦东，有什么感觉?
　　→

4　李明浩为什么这个周末要去杭州?
　　→

5　刘芳可以陪李明浩去杭州吗?
　　→

（李明浩和刘芳望着对岸的浦东聊天。）

李明浩 : 哇，上海天气真不错，感觉很暖和。
Lǐ Mínghào : Wà, Shànghǎi tiānqì zhēn búcuò, gǎnjué hěn nuǎnhuo.

刘芳 : 你来得正好❶，下个月就是梅雨季节了。
Liú Fāng : Nǐ lái de zhènghǎo, xià ge yuè jiùshì méiyǔ jìjié le.

李明浩 : 看来上海和首尔的天气差不多。
Lǐ Mínghào : Kànlái Shànghǎi hé shǒu'ěr de tiānqì chàbuduō.

刘芳 : 我不喜欢梅雨天气，太潮湿了。
Liú Fāng : Wǒ bù xǐhuan méiyǔ tiānqì, tài cháoshī le.

李明浩 : 外滩各式各样❷的建筑既漂亮，又有欧式风情。
Lǐ Mínghào : Wàitān gèshìgèyàng de jiànzhù jì piàoliang, yòu yǒu ōushì fēngqíng.

刘芳 : 这里以前是租界嘛！
Liú Fāng : Zhè li yǐqián shì zūjiè ma!

李明浩 : 黄浦江对面就是浦东新区吧？
Lǐ Mínghào : Huángpǔjiāng duìmiàn jiùshì Pǔdōng xīnqū ba?

刘芳 : 没错儿，那是东方明珠塔，那是新盖的环球金融中心。
Liú Fāng : Méicuòr, nà shì Dōngfāngmíngzhūtǎ, nà shì xīn gài de Huánqiú Jīnróng Zhōngxīn.

새 단어 

正好 zhènghǎo 마침 / 梅雨 méiyǔ 장마 / 潮湿 cháoshī 습하다, 축축하다 / 各式各样 gèshìgèyàng 각양각색, 여러 종류 / 新区 xīnqū 새로 개발된 지구 / 东方明珠塔 Dōngfāngmíngzhūtǎ 동방명주탑 / 盖 gài (건물·가옥 등을) 짓다, 건축하다 / 环球金融中心 Huánqiú Jīnróng Zhōngxīn 상하이월드파이낸셜센터(SWFC)

(이명호와 리우팡이 맞은편의 푸둥을 바라보며 이야기한다.)

이명호 와, 상하이 날씨 정말 좋다. 따뜻해.

리우팡 네가 딱 맞게 왔어. 다음 달이면 바로 장마 철이야.

이명호 상하이는 서울 날씨와 비슷하구나.

리우팡 나는 장마철이 싫어. 너무 습해.

이명호 와이탄의 각양각색 건물들은 예쁘고 유럽풍 의 느낌이 나.

리우팡 여기가 예전에 조계였잖아!

이명호 황푸강 건너편이 바로 푸둥 신도시지?

리우팡 맞아, 저게 동방명주탑이고, 저건 새로 지은 월드파이낸셜센터야.

O/X 본문 읽고 선택하기

정답 p.244

1 李明浩来到上海，不巧是梅雨季节。 O X
2 刘芳很喜欢潮湿的梅雨天气。 O X
3 上海和首尔的天气差很多。 O X
4 外滩的建筑是欧式的，因为以前是租界。 O X

1 你来得正好，下个月就是梅雨季节了。

형용사 '正好'는 '딱 좋다' '알맞다'라는 뜻입니다. 이 문장에서는 '不早不晚'의 의미로 쓰여 '시간에 딱 알맞게 왔다'는 표현입니다.

这双皮鞋你穿得正好。 이 구두 너에게 딱 맞는구나.
Zhè shuāng píxié nǐ chuān de zhènghǎo.

不多不少，正好五个。 많지도 적지도 않고 딱 다섯 개예요.
Bù duō bù shǎo, zhènghǎo wǔ ge.

2 外滩各式各样的建筑既漂亮，又有欧式风情。

'各式各样'은 '모양이 다양하다'라는 의미이고, '종류가 다양하다'라는 의미로는 '各种各样' 이라고 표현합니다.

在这里能看到各式各样的汽车。 여기서는 각양각색의 자동차를 다 볼 수 있어요.
Zài zhè li néng kàn dào gèshìgèyàng de qìchē.

公园里有各种各样的花儿。 공원에는 여러 종류의 꽃이 있어요.
Gōngyuán li yǒu gèzhǒnggèyàng de huār.

샘, 상하이 '조계(租界)'에 대해서 좀 더 자세히 설명해 주세요.

중국 청나라 말기 아편전쟁 이후, 영국, 미국, 프랑스, 독일, 러시아 등의 서양 열강에 의하여 황푸강 와이탄 지역에 각 나라별로 지역을 분할하여 조계가 만들어졌어. 그러니까 이곳은 식민지 국가를 강압하여 개항시 킨 도시의 외국인 거주지야. 이 때문에 와이탄은 현재까지도 100여 년 전에 지어진 유럽식 건축물들로 인해 고풍스럽고 이국적인 정취를 느낄 수 있지.

[자유롭게 말하기]

예시 p.244

- 你和你的老朋友常见面吗? 一个月见几次? 常在哪儿见面聊天?

- 你去过中国哪些地方? 感觉怎么样?

---

half time | 신조어 · 유행어

스트레스 푸는 날 | 减压节 jiǎnyājié

시장 경제의 도입으로 무한 경쟁주의로 변화한 현재 중국의 모습을 잘 보여주는 또 다른 예가 바로 '减压节'이다. '减压'는 '스트레스를 줄인다'는 뜻으로, 말 그대로 이날에는 다양한 오락을 즐기며 스트레스를 해소한다. 2008년 4월 28일 첫 '减压节'를 시작으로 매년 노동절(5월 1일)을 전후하여 열리며, 많은 사람이 한데 모여 단체체조, 소리 지르기, 인간 도미노, 베개 싸움 등을 통해 스트레스를 발산한다. 우리도 '减压节'를 만들어 1년에 하루라도 마음껏 그간의 스트레스를 날려보면 어떨까?

상황 1 — 약속(1) 

李明浩 Lǐ Mínghào	我已经到上海了，住在和平饭店。 Wǒ jǐjing dào Shànghǎi le, zhù zài Hépíng Fàndiàn.
刘芳 Liú Fāng	真的吗？太好了，那儿离外滩很近吧？ Zhēn de ma? Tài hǎo le, nàr lí Wàitān hěn jìn ba?
李明浩 Lǐ Mínghào	对，走着去五分钟就到了。 Duì, zhǒu zhe qù wǔ fēnzhōng jiù dào le.
刘芳 Liú Fāng	那我们一会儿在外滩的星巴克见吧！ Nà wǒmen yíhuìr zài Wàitān de Xīngbākè jiàn ba!

이명호 나 상하이에 도착해서 허핑호텔에 묵고 있어.

리우팡 정말? 잘됐다. 거기 와이탄에서 가깝지?

이명호 응, 걸어서 5분이면 도착해.

리우팡 그럼 우리 조금 이따가 와이탄에 있는 스타벅스에서 만나자!

상황 2 — 오랜만에 만난 친구 

李明浩 Lǐ Mínghào	这儿，刘芳！你还是那么漂亮。 Zhèr, Liú Fāng! Nǐ háishi nàme piàoliang.
刘芳 Liú Fāng	谢谢。我们真是好多年没见了，你也还是老样子。 Xièxie. Wǒmen zhēnshi hǎo duō nián méi jiàn le, nǐ yě háishi lǎo yàngzi.
李明浩 Lǐ Mínghào	你在上海生活得很好吧？ Nǐ zài Shànghǎi shēnghuó de hěn hǎo ba?
刘芳 Liú Fāng	马马虎虎，现在在一家外企工作。 Mǎmǎhūhū, xiànzài zài yì jiā wàiqǐ gōngzuò.

이명호 여기야, 리우팡! 너 여전히 예쁘구나.

리우팡 고마워. 우리 정말 오랜만에 만났네. 너도 그대로다.

이명호 넌 상하이에서 잘 지내고 있지?

리우팡 그럭저럭. 지금은 외국계 기업에서 일하고 있어.

▶ 老样子 lǎo yàngzi 옛 모습, 옛 모양
▶ 马马虎虎 Mǎmǎhūhū 그저 그렇다, 썩 좋지는 않다, 그리 나쁘지는 않다.
▶ 外企 wàiqǐ 외자 기업

李明浩 :	你一定去过杭州吧？
Lǐ Mínghào :	Nǐ yídìng qù guo Hángzhōu ba?
刘芳 :	当然了，"上有天堂，下有苏杭"嘛！
Liú Fāng :	Dāngrán le, "Shàng yǒu tiāntáng, xià yǒu SūHáng"ma!
李明浩 :	杭州有哪些好玩儿的地方？
Lǐ Mínghào :	Hángzhōu yǒu nǎ xiē hǎo wánr de dìfang?
刘芳 :	名胜古迹特别多，其中西湖最有名。
Liú Fāng :	Míngshèng gǔjì tèbié duō, qízhōng Xīhú zuì yǒumíng.

이명호 너 항저우에 가봤지?

리우팡 물론이지. "하늘에 천당이 있다면 땅에는 쑤저우와 항저우가 있다."라고 하잖아!

이명호 항저우는 어디 어디가 좋은데?

리우팡 명승고적이 아주 많은데, 그중에 서호가 제일 유명해.

▶ 名胜古迹 míngshèng gǔjì 명승고적
▶ 西湖 Xīhú 서호[지명]

李明浩 :	这个周末我们一起去趟杭州吧！
Lǐ Mínghào :	Zhè ge zhōumò wǒmen yìqǐ qù tàng Hángzhōu ba!
刘芳 :	好主意，刚好我这周末有空。
Liú Fāng :	Hǎo zhǔyi, gānghǎo wǒ zhè zhōumò yǒu kòng.
李明浩 :	顺便我还想买些纪念品。
Lǐ Mínghào :	Shùnbiàn wǒ hái xiǎng mǎi xiē jìniànpǐn.
刘芳 :	我可以帮你挑一挑。
Liú Fāng :	Wǒ kěyǐ bāng nǐ tiāo yi tiāo.

이명호 이번 주말에 우리 항저우에 놀러 가자!

리우팡 좋은 생각이야. 마침 나도 이번 주말에 시간 있어.

이명호 가는 김에 기념품도 사야겠다.

리우팡 내가 같이 골라줄게.

▶ 顺便 shùnbiàn ~하는 김에, 겸사겸사
▶ 纪念品 jìniànpǐn 기념품
▶ 挑 tiāo 고르다, 선택하다

1 단문을 잘 듣고 질문에 대한 대답이 맞으면 ○, 틀리면 ✕를 표시하세요. | 듣기 |  11-09

1 Q : 上海和首尔的春天怎么样?

A : 上海的春天比首尔热。（　　）

2 Q : 从我家怎么去公司?

A : 从我家到公司坐车十分钟就到了。（　　）

3 Q : 我在哪儿干什么?

A : 我在纪念品店里买些东西送给朋友。（　　）

4 Q : 为什么说小张过得不错?

A : 好久不见，他和以前一样老。（　　）

2 두 사람의 대화를 잘 듣고 질문에 알맞은 답을 고르세요. | 듣기 |  11-10

1 男的家离公司远不远?

A 很远　　　　　　　　B 一点儿也不远　　　　　　C 很近

2 男的是什么意思?

A 生意还可以　　　　　B 生意不好　　　　　　　　C 生意非常好

3 北京的天气什么时候开始热?

A 四月　　　　　　　　B 五月　　　　　　　　　　C 六月

4 他们打算什么时候去北京玩儿?

A 女的工作结束后　　　B 女的见了朋友后　　　　　C 男的工作结束后

 빈칸에 들어갈 알맞은 단어를 보기에서 고르세요. | 어휘 |

顺便　　正好　　答应　　老样子　　联系

1 你想看这本书吗？我 ______ 有一本可以借你。

2 我想自己去美国留学，但爸爸一直不 ______。

3 这次去上海出差，______ 见见我的中国老师。

4 这么多年我们都变了很多，只有小张还是 ______。

순서를 알맞게 배열하여 문장을 완성하세요. | 어법 |

1 A 我听说　　　B 美得像画儿一样　　　C 他的老家很美

____

2 A 去看汽车展览会　　　B 我有事去不了　　　C 姐姐让我陪她

____

3 A 你来得正是时候　　　B 就要开始吃饭了　　　C 我们马上

____

4 A 我最爱吃　　　B 中国好吃的菜太多了　　　C 特别是涮羊肉

____

1 어디에서 만날지 문자 메시지로 알려주세요.
发短信告诉我在哪儿见面。 Fā duǎnxìn gàosu wǒ zài nǎr jiànmiàn.

2 몇 시에 만날지 전화로 알려주세요.
请打电话告诉我几点见面。 Qǐng dǎ diànhuà gàosu wǒ jǐ diǎn jiànmiàn.

3 서두르지 말고, 아직 시간 있으니 천천히 오세요.
别急，还有时间，你慢慢儿来吧。 Bié jí, hái yǒu shíjiān, nǐ mànmānr lái ba.

4 차가 막혀서 좀 늦을 것 같아요.
路上堵车，我可能会晚点儿到。 Lùshang dǔchē, wǒ kěnéng huì wǎn diǎnr dào.

5 미안해요, 갑자기 일이 생겨 30분쯤 늦을 거에요.
不好意思，我突然有事儿，大概要晚30分钟。
Bùhǎoyìsi, wǒ tūrán yǒu shìr, dàgài yào wǎn sānshí fēnzhōng.

6 퇴근 후 언제든지 좋아요. 편할 때로 정하세요.
我下班后什么时间都可以。你随便定吧。
Wǒ xiàbān hòu shénme shíjiān dōu kěyǐ. Nǐ suíbiàn dìng ba.

7 중요한 약속이니까 시간을 꼭 지켜야 돼요.
今天的约会很重要，一定要准时到。 Jīntiān de yuēhuì hěn zhòngyào, yídìng yào zhǔnshí dào.

8 특별한 약속이 없으면 우리 같이 밥이나 먹어요.
要是你没有什么特别的事儿，咱们一起去吃个饭吧。
Yàoshi nǐ méiyǒu shénme tèbié de shìr, zánmen yìqǐ qù chī ge fàn ba.

9 로비에 도착하면 나한테 전화해요.
到了大厅，请打电话给我。 Dào le dàtīng, qǐng dǎ diànhuà gěi wǒ.

10 호텔 정문에서 기다릴게요.
我在饭店门口儿等你。 Wǒ zài fàndiàn ménkǒur děng nǐ.

12 항저우를 여행하다

아침에 리우팡이 호텔로 나를 데리러 와서 함께 관광버스를 탔습니다.
어제저녁에 그녀는 특별히 인터넷으로 현지 가이드를 찾았어요.
2시간 후에 항저우에 도착하니 가이드가 차로 우리를 마중 나왔습니다.
서호의 아름다운 풍경을 잠시도 지체하지 않고 빨리 보고 싶었어요.
서호의 경치는 그림같이 아름다웠고, 우리는 사진을 많이 찍었습니다.
"하늘에 천당이 있다면 땅에는 쑤저우와 항저우가 있다."라고 하더니 과연 명성 그대로였어요.
저녁 무렵 갑자기 비가 내리기 시작했는데, 빗속의 서호는 더욱 정취가 있었죠.
이번 항저우 여행은 나에게 아름다운 추억을 남겨주었답니다.

항저우

중국 저장성(浙江省)의 성도인 항저우는 건축물과 정원이 유명하며, 서호(西湖), 영은사(灵隐寺), 악왕묘(岳王墓), 육화탑(六和塔) 등의 유명 관광지가 모여 있다.

아름다운 관광지와 관련된 말말말

上有天堂下有苏杭
하늘에는 천당이 있고 땅에는 쑤저우와 항저우가 있다.

桂林山水甲天下 꾸이린의 산수가 천하제일이다.

黄山归来不看岳
황산에서 돌아오면 다시는 다른 산을 쳐다보지 않는다.

江南园林甲天下, 苏州园林甲江南
천하의 원림은 강남에 있고, 그중 쑤저우의 정원이 으뜸이다.

人生不到张家界, 百岁岂能称老翁
사람이 태어나서 장자제에 가보지 않았다면, 100세가 되어도 어찌 늙었다고 할 수가 있는가.

166

서호십경

항저우시 서쪽에 자리 잡은 서호(西湖)는 중국에서 가장 아름다운 호수이다. 때와 바라보는 장소에
따라 각기 다른 정취를 뽐내는데, 그 중 가장 빼어난 것을 서호십경(西湖十景)이라 한다.

쑤저우

'정원의 도시' '땅 위에 있는 천당' '동양의 베니스'라는 많
은 별칭을 가지고 있는 수향(水乡) 도시. 사자림(狮子林),
졸정원(拙政园), 유원(柳园), 호구(虎丘), 한산사(寒山寺)
등의 관광지가 있다.

이명호의 이야기 12-01

早晨，刘芳来饭店接我，一起去坐旅游大巴。
Zǎochén, Liú Fāng lái fàndiàn jiē wǒ, yìqǐ qù zuò lǚyóu dàbā.

昨晚她还特意在网上找了一个当地的导游。
Zuówǎn tā hái tèyì zài wǎngshàng zhǎo le yí ge dāngdì de dǎoyóu.

两个小时后到了杭州，导游开车来接我们，
Liǎng ge xiǎoshí hòu dào le Hángzhōu, dǎoyóu kāichē lái jiē wǒmen,

真有点儿迫不及待*地想看到西湖的美景了。
zhēn yǒudiǎnr pòbùjídài de xiǎng kàn dào Xīhú de měijǐng le.

西湖的山水像画儿一样，我们拍了不少照片。
Xīhú de shānshuǐ xiàng huàr yíyàng, wǒmen pāi le bùshǎo zhàopiàn.

"上有天堂，下有苏杭。"果然名不虚传*。
"Shàng yǒu tiāntáng, xià yǒu SūHáng." Guǒrán míngbùxūchuán.

傍晚，突然下起雨来了*，雨中的西湖更有情趣，
Bàngwǎn, tūrán xià qǐ yǔ lái le, yǔzhōng de Xīhú gèng yǒu qíngqù,

这次的杭州之行给我留下了美好的回忆。
zhècì de Hángzhōu zhī xíng gěi wǒ liúxià le měihǎo de huíyì.

▶ 본문을 읽고 직접 해석해 보고, p.166에서 확인하세요.

 **새 단어** 12-02

大巴 dàbā 대형 버스 / 当地 dāngdì 현지, 그 지방 / 导游 dǎoyóu 관광 안내원, 가이드 / 迫不及待 pòbùjídài 잠시도 늦출 수 없다, 일각도 지체할 수 없다 / 名不虚传 míngbùxūchuán 명실상부하다, 명성이나 명예가 헛되이 퍼진 것이 아니다 / 傍晚 bàngwǎn 저녁 무렵 / 回忆 huíyì 추억, 회상

★ 迫不及待 : 한시도 지체할 수 없는 절박한 상태를 나타낼 때 자주 쓰는 성어이다. '迫'는 '절박하다', '待'는 '기다리다'라는 뜻으로, 직역하면 '절박함에 기다릴 수 없다'는 의미인데 뒤에 '地'가 와서 부사로 많이 쓰인다.

★ 名不虚传 : '명실상부하다'는 뜻의 성어로, '명성이 듣던 바대로 허구가 아니다'라는 의미를 나타낸다. 반대로 '유명무실하다'라는 표현은 '有名无实'이다.

★ 下起雨来了 : '비가 내리다'라는 '下雨'에서 동사 '下' 뒤에 '起来'가 오면 '비가 내리기 시작하다.'라는 뜻인데 목적어 '雨'는 '起来'의 중간에 위치한다.

Q&A　본문 읽고 대답하기　정답 p.245

1 他们怎么去杭州?
→

2 从上海到杭州需要多长时间?
→

3 西湖的山水怎么样?
→

4 对杭州的风景有什么名言?
→

5 明浩觉得这次的杭州之行怎么样?
→

12-03

（李明浩和刘芳到了杭州，见到了他们的当地导游。）

| 导游 | ： | 刘小姐，李先生你们好，我是你们的导游王丽。 |

导游 ： 刘小姐，李先生你们好，我是你们的导游王丽。
Dǎoyóu ： Liú xiǎojie, Lǐ xiānsheng nǐmen hǎo, wǒ shì nǐmen de dǎoyóu Wáng Lì.

刘芳 ： 谢谢你准时来接我们。
Liú Fāng ： xièxie nǐ zhǔnshí lái jiē wǒmen.

导游 ： 应该的，车就在那边，我们走吧。
Dǎoyóu ： Yīnggāi de, chē jiù zài nàbiān, wǒmen zǒu ba.

李明浩 ： 听说杭州西湖最美，我都等不及❶了。
Lǐ Mínghào ： Tīngshuō Hángzhōu Xīhú zuì měi, wǒ dōu děngbují le.

导游 ： 西湖不仅❷风景美，还有不少传说呢！
Dǎoyóu ： Xīhú bùjǐn fēngjǐng měi, hái yǒu bùshǎo chuánshuō ne!

刘芳 ： 那一会儿您都得讲给我们听啊。
Liú Fāng ： Nà yíhuìr nín dōu děi jiǎng gěi wǒmen tīng a.

李明浩 ： 我要多拍些照片留作纪念。
Lǐ Mínghào ： Wǒ yào duō pāi xiē zhàopiàn liú zuò jìniàn.

导游 ： 西湖的风景绝对不会让你们失望的。
Dǎoyóu ： Xīhú de fēngjǐng juéduì búhuì ràng nǐmen shīwàng de.

새 단어 **12-04**

准时 zhǔnshí 정시에, 제때에 / 等不及 děngbují 기다릴 수 없다 / 不仅 bùjǐn ~뿐만 아니라 / 传说 chuánshuō 전설 /

纪念 jìniàn 기념하다 / 绝对 juéduì 절대로, 반드시 / 失望 shīwàng 실망하다, 희망을 잃다

(이명호와 리우팡이 항저우에 도착하여 현지 가이드를 만나다.)

가이드 안녕하세요, 저는 여러분의 가이드 왕리입니다.

리우팡 시간 맞춰 나와 주셔서 감사합니다.

가이드 당연한 일인걸요. 차는 저쪽에 있어요, 가시죠.

이명호 항저우의 서호가 가장 아름답다고 들었는데, 지체할 수가 없네요.

가이드 서호는 풍경이 아름다울 뿐만 아니라 전설도 아주 많아요.

리우팡 그럼 이따가 저희에게 다 얘기해 주셔야 해요.

이명호 기념으로 사진을 많이 찍어야겠어요.

가이드 서호의 풍경은 절대 여러분을 실망시키지 않을 겁니다.

O/X 본문 읽고 선택하기

정답 p.245

1 刘芳是李明浩的导游。　O　X
2 李明浩开车带着刘芳去杭州玩。　O　X
3 刘芳只想看西湖美景，对传说不感兴趣。　O　X
4 李明浩打算拍些西湖的照片留作纪念。　O　X

1 听说杭州西湖最美，我都等不及了。

'等不及'는 마음이 급하거나 시간이 긴박해서 '더는 기다릴 수 없다'는 의미입니다.

我等不及想马上见到他。 나는 지체할 것 것 없이 바로 그를 만나고 싶어요.
Wǒ děngbují xiǎng mǎshang jiàn dào tā.

听说能见到成龙，大家都等不及了。
Tīngshuō néng jiàn dào Chéng Lóng, dàjiā dōu děngbují le.
청룽을 만날 수 있다는 소식에 모두들 한시도 기다릴 수가 없었어요.

2 西湖不仅风景美，还有不少传说呢！

접속사 '不仅'은 '~뿐만 아니라'의 뜻으로, 뒤에 '还'와 호응하여 자주 쓰입니다.

我不仅学了汉语，还学了日语。 나는 중국어뿐만 아니라, 일본어도 배웠어요.
Wǒ bùjǐn xué le Hànyǔ, hái xué le Rìyǔ.

这种手机不仅能上网，还能看电视。
Zhè zhǒng shǒujī bùjǐn néng shàngwǎng, hái néng kàn diànshì.
이런 휴대전화는 인터넷을 할 수 있을 뿐만 아니라, TV도 볼 수 있어요.

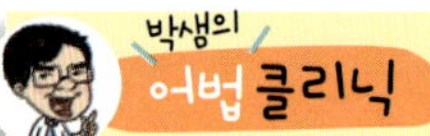

샘, '我都等不及了。'에서 '都'가 왜 사용되었는지 이해가 잘 안 돼요.

'都'의 용법은 여러 가지가 있어 헷갈릴 수 있지. '我都等不及了。'에서 '都'는 '이미, 벌써'의 의미로 사용되어, '기다리지 못하겠다'라는 표현 속에 좀 더 조급해하는 감정이 들어 있어.

[자유롭게 말하기]

예시 p.245

- 你觉得跟团旅游更好还是自助游更好？为什么？

- 你平常有压力时怎么放松？

---

half time · 신조어 · 유행어

패스트푸드를 먹다 | 吃KPM chī KPM

"咱们去吃KPM吧！(우리 KPM 먹으러 가자!)" KPM? 언뜻 들으면 음식점 이름 같기도 한 KPM은 도대체 무엇일까? 이것은 KFC, PIZZAHUT, MCDONALDS의 앞글자를 따서 만든 신조어이다. 그 유래가 조금은 황당하기도 하지만 중국인의 패스트푸드에 대한 선호도를 반영한다. 외국인으로서 중국어 학습의 고충 중 한 가지가 바로 영어를 모두 중국어로 선환하여 사용한다는 것이다. 특히 위와 같은 KFC(肯德基, Kěndéjī), 피자헛(必胜客, Bìshèngkè), 맥도날드(麦当劳, Màidāngláo) 등의 외국 브랜드들은 모두 외우지 않고서는 도저히 알 수 없는 단어들이다. KPM이라는 신조어는 외우기도 쉽고 재미있지만 패스트푸드의 정식 명칭인 '快餐(kuàicān)'도 함께 기억해야 할 것이다.

상황회화 익히기

상황 1 — 여행 출발 전(1)

刘芳	:	八点要出发，时间不多了。
		Liú Fāng : Bā diǎn yào chūfā, shíjiān bù duō le.
李明浩	:	我们去杭州坐什么最方便？火车吗？
		Lǐ Mínghào : Wǒmen qù Hángzhōu zuò shénme zuì fāngbiàn? Huǒchē ma?
刘芳	:	对，但是火车票卖光了，我们坐旅游大巴去吧！
		Liú Fāng : Duì, dànshì huǒchēpiào mài guāng le, wǒmen zuò lǚyóu dàbā qù ba!
李明浩	:	等一会儿，我要带照相机。
		Lǐ Mínghào : Děng yíhuìr, wǒ yào dài zhàoxiàngjī.

리우팡 8시에 출발해야 해, 시간이 없어.

이명호 항저우에 갈 때 뭘 타는 게 제일 편해? 기차?

리우팡 응, 근데 기차표가 매진이야. 우리 관광버스 타고 가자!

이명호 잠깐만, 카메라 가지고 가야 해.

▶ 照相机 zhàoxiàngjī 사진기, 카메라

상황 2 — 여행 출발 전(2)

李明浩	:	我们要跟团吗？
		Lǐ Mínghào : Wǒmen yào gēn tuán ma?
刘芳	:	不，我联系了一个当地的导游，自助游更有意思。
		Liú Fāng : Bù, wǒ liánxì le yí ge dāngdì de dǎoyóu, zìzhù yóu gèng yǒuyìsi.
李明浩	:	还是你想得周到！
		Lǐ Mínghào : Háishi nǐ xiǎng de zhōudào!
刘芳	:	平常工作压力大，今天我们要好好地放松一下！
		Liú Fāng : Píngcháng gōngzuò yālì dà, jīntiān wǒmen yào hǎohāo de fàngsōng yíxià!

이명호 우리 단체여행 하는 거야?

리우팡 아니, 내가 현지 가이드와 연락해뒀어. 자유 여행이 훨씬 재미있을 거야.

이명호 역시 빈틈이 없다니깨!

리우팡 평소에 업무 스트레스가 많으니까 오늘은 긴장 풀고 신나게 놀자!

▶ 自助 zìzhù 자조하다, 스스로 돕다
▶ 压力 yālì 스트레스
▶ 放松 fàngsōng 정신적 긴장을 풀다

导游	我们到了，这就是传说中的西湖。
Dǎoyóu	Wǒmen dào le, zhè jiùshì chuánshuō zhōng de Xīhú.
李明浩	哇！太美了，真想一辈子都住在这儿。
Lǐ Mínghào	Wà! Tài měi le, zhēn xiǎng yíbèizi dōu zhù zài zhèr.
导游	我们一会儿坐船慢慢儿欣赏吧。
Dǎoyóu	Wǒmen yíhuìr zuò chuán mànmānr xīnshǎng ba.
李明浩	这里有山有水，真是人间仙境啊！
Lǐ Mínghào	Zhè li yǒu shān yǒu shuǐ, zhēnshi rénjiān xiānjìng a!

가이드 도착했습니다. 여기가 전설 속의 서호입니다.

이명호 와! 너무 아름다워요. 평생 여기에서 살고 싶네요.

가이드 잠시 후에 배를 타고 천천히 감상해 보시죠.

이명호 산도 있고 물도 있고, 정말 천당이 따로 없군요!

▶ 一辈子 yíbèizi 한평생, 일생
▶ 欣赏 xīnshǎng 감상하다
▶ 仙境 xiānjìng 선경[경치가 신비스럽고 그윽한 곳]

李明浩	呀，糟糕！下雨了。
Lǐ Mínghào	Yā, zāogāo! Xià yǔ le.
刘芳	幸好我早有准备，带了一把雨伞。
Liú Fāng	Xìnghǎo wǒ zǎo yǒu zhǔnbèi, dài le yì bǎ yǔshǎn.
导游	你们运气不错，可以看到雨中的西湖。
Dǎoyóu	Nǐmen yùnqì búcuò, kěyǐ kàn dào yǔ zhōng de Xīhú.
李明浩	和刚才的感觉完全不一样，有种与众不同的美。
Lǐ Mínghào	Hé gāngcái de gǎnjué wánquán bù yíyàng, yǒu zhǒng yǔzhòngbùtóng de měi.

이명호 어, 큰일 났어! 비 온다.

리우팡 다행히 내가 미리 우산 하나를 준비해 왔지.

가이드 빗속의 서호를 볼 수 있다니 운이 좋으시네요.

이명호 조금 전의 느낌하고 완전히 다르네요. 남다른 아름다움이 있어요.

▶ 幸好 xìnghǎo 다행히, 운 좋게
▶ 雨伞 yǔshǎn 우산
▶ 与众不同 yǔzhòngbùtóng 남다르다, 남보다 뛰어나다

1 단문을 잘 듣고 질문에 대한 대답이 맞으면 ○, 틀리면 ✕를 표시하세요. | 듣기 |  12-09

1 Q : 西湖的风景怎么样?

A : 西湖有很多传说，但风景不怎么样。（　　）

2 Q : 这句话是什么意思?

A : 我很希望早点儿和你见面。（　　）

3 Q : 说话人觉得怎么旅游更好?

A : 团体旅游比自助游更有意思。（　　）

4 Q : 我们在干什么?

A : 我们在公司工作，现在压力很大。（　　）

2 두 사람의 대화를 잘 듣고 질문에 알맞은 답을 고르세요. | 듣기 |  12-10

1 男的是怎么去日本的?

A 跟旅行团一起去的　　　　B 自助游去的　　　　C 出差去的

2 他们今晚可以看电影吗?

A 可以　　　　　　　　　　B 没办法　　　　　　C 不太清楚

3 男的是什么意思?

A 考得不错　　　　　　　　B 考坏了　　　　　　C 这次考试又失望了

4 女的喜欢这家咖啡厅吗?

A 很喜欢　　　　　　　　　B 还可以　　　　　　C 不喜欢

3 빈칸에 들어갈 알맞은 단어를 보기에서 고르세요. | 어휘 |

보기　与众不同　迫不及待　留作纪念　人间仙境　名不虚传

1 听到爸爸出差回来了，我 ＿＿＿＿＿ 地想早点儿回家。

2 小李是一个 ＿＿＿＿＿ 的人，他想的和做的都很独特。

3 他们都说上海是一个国际大都市，果然 ＿＿＿＿＿！

4 这西湖太美了，咱们多拍几张照片 ＿＿＿＿＿ 吧。

4 순서를 알맞게 배열하여 문장을 완성하세요. | 어법 |

1 A 想尝尝了　　B 真有点儿迫不及待　　C 我听说北京烤鸭最好吃

———————————————————————

2 A 全都变成了白色　　B 昨天突然下雪了　　C 今天城市

———————————————————————

3 A 这次会谈的结果　　B 让大家失望的　　C 绝对不会

———————————————————————

4 A 自助游更有意思　　B 和跟团旅游比起来　　C 还是

———————————————————————

1 항저우의 어느 곳을 가 보았습니까?

你都去过杭州哪儿？ Nǐ dōu qù guo Hángzhōu nǎr?

2 항저우 일일 관광 코스에 참가하고 싶어요.

我想参加杭州一日游的旅行团。 Wǒ xiǎng cānjiā Hángzhōu yírìyóu de lǚxíngtuán.

3 택시 한 대를 하루 동안 전세 내는 데 얼마예요?

包一辆出租车一天多少钱？ Bāo yí liàng chūzūchē yì tiān duōshao qián?

4 이 관광버스는 어디 어디를 경유해요?

这个旅游大巴都经过什么地方？ Zhè ge lǚyóu dàbā dōu jīngguò shénme dìfang?

5 한국어를 할 줄 아는 가이드가 필요합니다.

我想找一个会说韩语的导游。 Wǒ xiǎng zhǎo yí ge huì shuō Hányǔ de dǎoyóu.

6 나는 혼자 배낭여행을 자주 가요.

我常常一个人去自助游。 Wǒ chángchang yí ge rén qù zìzhù yóu.

7 나는 단체여행으로 꾸이린에 가 본 적이 있어요.

我跟着旅行团去过桂林。 Wǒ gēn zhe lǚxíngtuán qù guo Guìlín.

8 시안에는 어떤 명승고적들이 있는지 소개해 주세요.

给我介绍介绍，西安都有什么名胜古迹。
Gěi wǒ jièshao jièshao, Xī'ān dōu yǒu shénme míngshènggǔjì.

9 우리 여기서 기념사진 한 장 찍어요.

咱们在这里拍一张纪念照片吧。 Zánmen zài zhè li pāi yì zhāng jìniàn zhàopiàn ba.

10 죄송하지만 사진 좀 찍어주시겠어요?

不好意思，请帮我们拍一下好吗？ Bùhǎoyìsi, qǐng bāng wǒmen pāi yíxià hǎo ma?

제9일 PM 07:00

옛 친구들을 만나다

저녁에 리우팡이 나를 위해 베이징의 옛 동창들과 식사 약속을 해두었어요.

그들은 나를 동방명주의 회전식당 뷔페로 초대했어요.

이곳은 가격이 좀 비싼 편이지만, 분위기와 맛은 최고였지요.

특히 푸둥의 고층빌딩과 화려한 야경을 볼 수 있었습니다.

동창들은 많이 변했고 들어보니 다들 잘 지내고 있는 듯해요.

모두 옛날을 추억하며 즐거운 학창시절로 다시 돌아간 것 같았어요.

특별히 와인을 한 병 주문하고 우리의 우정을 위해 건배했습니다.

오늘 저녁 우리는 정말 즐겁게 이야기를 나누었고, 나는 술을 많이 마셔 좀 취했어요.

● 푸둥

중국 상하이 동부의 푸둥(浦东) 지역은 1990년 경제특구로 지정된 이후 급속도로 성장하여 현재는 중국의 금융 및 상업 허브로 대두하였다. 푸둥 서쪽 끝에는 루자쭈이(陸家嘴) 금융무역구가 자리하고 있고, 중국의 급속한 경제 성장을 상징하는 동방명주탑(东方明珠), 진마오빌딩(金茂大厦), 상하이월드파이낸셜센터(上海环球金融中心) 등이 이루는 스카이라인이 유명하다.

◐ **진마오빌딩(좌)과 상하이월드파이낸셜센터(우)**

동방명주와 함께 상하이를 대표하는 건물들. 진마오
빌딩은 높이 420m, 88층이고, 상하이 월드파이낸셜
센터는 높이 492m, 101층으로 현재 세계에서 세 번째
로 높은 건물이다.

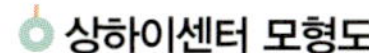

◐ **상하이센터 모형도**

2014년 완공 예정인 127층, 높이 632m의 상하
이센터(上海中心)

◐ **상하이의 월스트리트 '루자쭈이 금융무역구'**

◐ **동방명주**

1994년에 완공된 TV 송신탑으로, 총 높이가 468m로 아시아에서 첫 번
째, 세계에서 세 번째로 높은 탑이다. 263m와 350m에 관광 전망대가
있으며 이곳에서 화려한 와이탄과 푸둥의 전경을 한눈에 볼 수 있다.

  *13-01*

晚上，刘芳为我约了几个北京的老同学一起吃饭，
Wǎnshang, Liú Fāng wèi wǒ yuē le jǐ ge Běijīng de lǎo tóngxué yìqǐ chīfàn,

他们请我到东方明珠的旋转餐厅吃自助餐。
tāmen qǐng wǒ dào Dōngfāngmíngzhū de xuánzhuǎn cāntīng chī zìzhùcān.

这儿的价格有点贵，但是环境*和味道都是一流的。
Zhèr de jiàgé yǒudiǎn guì, dànshì huánjìng hé wèidao dōu shì yīliú de.

特别是可以看到浦东的高楼大厦和华丽的夜景。
Tèbié shì kěyǐ kàn dào Pǔdōng de gāolóu dàshà hé huálì de yèjǐng.

同学们的变化很大，听起来他们过得都很不错。
Tóngxuémen de biànhuà hěn dà, tīng qǐlai tāmen guò de dōu hěn búcuò.

大家回忆着*从前，好像又回到了快乐的学生时代。
Dàjiā huíyì zhe cóngqián, hǎoxiàng yòu huí dào le kuàilè de xuéshēng shídài.

他们还特意点了一瓶红酒，为我们的友谊干杯。
Tāmen hái tèyì diǎn le yì píng hóngjiǔ, wèi wǒmen de yǒuyì gānbēi.

今晚我们聊得真痛快，我喝了不少，有点儿醉了。
Jīnwǎn wǒmen liáo de zhēn tòngkuài, wǒ hē le bùshǎo, yǒudiǎnr zuì le.

 본문을 읽고 직접 해석해 보고, p.180에서 확인하세요.

 13-02

旋转餐厅 xuánzhuǎn cāntīng (고층 건물 꼭대기의) 회전 식당 / 自助餐 zìzhùcān 뷔페, 셀프서비스식의 식사 / 华丽
huálì 화려하다, 아름답다 / 从前 cóngqián 이전, 옛날 / 时代 shídài 시기, 시절 / 红酒 hóngjiǔ 레드 와인

182

★ 环境 : 명사 ‘环境’은 ‘환경’이라는 뜻이지만, 이 문장에서는 ‘분위기’라는 의미로 주위의 상황이
　　　　나 조건을 가리키는 표현이다.

★ 回忆着 : 동사 ‘回忆’ 뒤에 동태조사 ‘着’가 와서 동사의 상태가 지속됨을 나타낸다. ‘~을 돌이
　　　　　켜 보면서’ ‘~을 추억하면서’로 해석할 수 있다.

Q&A　본문 읽고 대답하기　　　　　정답 p.246

1 晚上明浩和谁一起吃饭了?
→

2 东方明珠的旋转餐厅怎么样?
→

3 李明浩的老同学都过得怎么样?
→

4 李明浩和老同学吃饭，感觉怎么样?
→

5 他们聊得怎么样? 明浩喝醉了吗?
→

13-03

(李明浩和多年不见的老同学聊得很痛快。)

刘芳 ： 这次你来上海，我为你约了几个老同学。
Liú Fāng ： Zhècì nǐ lái Shànghǎi, wǒ wèi nǐ yuē le jǐ ge lǎo tóngxué.

李明浩 ： 太好了，这么多年不见，不知道大家都怎么样了。
Lǐ Mínghào ： Tài hǎo le, zhème duō nián bú jiàn, bùzhīdào dàjiā dōu zěnmeyàng le.

王亮 ： 李明浩，你还记得我吗？
Wáng Liàng ： Lǐ Mínghào, nǐ hái jìde wǒ ma?

李明浩 ： 当然记得！你是我们的班长王亮！
Lǐ Mínghào ： Dāngrán jìde! Nǐ shì wǒmen de bānzhǎng Wáng Liàng!

刘芳 ： 现在他可是老板，发大财了！
Liú Fāng ： Xiànzài tā kěshì lǎobǎn, fā dà cái le!

李明浩 ： 班长果然厉害。你张力吧？你怎么比以前瘦了？
Lǐ Mínghào ： Bānzhǎng guǒrán lìhai. Nǐ Zhāng Lì ba? Nǐ zěnme bǐ yǐqián shòu le?

张力 ： 没办法，养家的压力大呀！
Zhāng Lì ： Méi bànfǎ, yǎngjiā de yālì dà ya!

李明浩 ： 你这么说，我这啤酒肚早该下去了。
Lǐ Mínghào ： Nǐ zhème shuō, wǒ zhè píjiǔdù zǎo gāi xiàqu le.

새 단어 13-04 -

记得 jìde 기억하고 있다, 잊지 않고 있다 / **班长** bānzhǎng 반장 / **发财** fācái 큰돈을 벌다, 부자가 되다 / **厉害** lìhai 대단하다, 굉장하다 / **养家** yǎngjiā (가족을) 먹여 살리다, 부양하다 / **啤酒肚** píjiǔdù 술배

(이명호는 오랜만에 만난 동창들과 즐겁게 이야기를 나눈다.)

리우팡 이번에 네가 상하이에 왔으니, 내가 옛 동창
들 몇 명과 만나기로 약속해 두었어.

이명호 너무 잘됐다. 오랫동안 못 봐서 다들 어떻게
지내는지 모르겠네.

왕량 명호야, 나 기억하니?

이명호 당연히 기억하지! 우리 반 반장 왕량이잖아!

리우팡 쟤 지금 사장이야, 돈 많이 벌었어!

이명호 반장은 역시 대단하구나. 너는 장리지? 어째
예전보다 말랐네?

장리 어쩔 수 없지, 가족을 부양하는 스트레스가 만
만치 않거든!

이명호 네 말대로라면 내 술 배는 벌써 들어갔겠네.

본문 읽고 선택하기

1 李明浩约了老同学们见面。 O X
2 张力是李明浩上学时的班长。 O X
3 王亮很有钱，是老板。 O X
4 张力因为压力大，所以比以前胖了。 O X

1 太好了，这么多年不见，**不知道**大家都**怎么样**了。

'不知道' 뒤에 의문사가 오면 의문의 상황에 대하여 '~할지(일지) 모르겠다'라는 의미를 나타냅니다.

> 我不知道他什么时候来。 그 사람이 언제 올지 나는 몰라요.
> Wǒ bùzhīdào tā shénme shíhou lái.

> 不知道用汉语怎么说。 중국어로 어떻게 말해야 하는지 모르겠어요.
> Bùzhīdào yòng Hànyǔ zěnme shuō.

2 班长果然**厉害**。

'厉害'는 '대단하다, 굉장하다'라는 뜻의 형용사입니다.

> 他汉语只学了一年就说得这么好，真厉害。
> Tā Hànyǔ zhǐ xué le yì nián jiù shuō de zhème hǎo, zhēn lìhai.
> 중국어를 일 년밖에 안 배웠어도 이렇게 잘하다니, 그는 정말 대단해요.

> 你天天加班，真厉害。 날마다 야근을 하다니 너 정말 대단하다.
> Nǐ tiāntiān jiābān, zhēn lìhai.

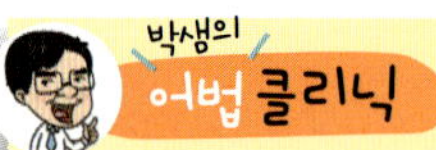

샘, '你还记得我吗？'의 문장에서 '记得'가 나오는데, '记'만 쓰면 안 돼요? 그리고 '记住'라는 말도 있는데, 어떤 차이가 있어요?

'기억하다'라는 동사는 '记'이지만 과거부터 현재까지 지속되는 상태로 '기억하고 있다'라는 의미는 동사 '记得'를 사용해. '记住'는 동사 '记' 뒤에 결과보어 '住'가 와서 '기억해 두다, 외워 두다'라는 의미로 이해하면 돼.

- 你还记得这个词的意思吗？ 이 단어의 뜻을 기억하니? / 不记得。 기억 안 나요.
- 那你现在好好记住。 그럼 지금 잘 외워 둬.

[자유롭게 말하기]

예시 p.246

- 如果你要和几个老同学见面吃饭，你会选什么地方？为什么？

- 你喜欢中国吗？你对中国哪些方面感兴趣？

---

half time 신조어·유행어

기댈 곳은 모교 뿐! | 赖校族 làixiàozú

*赖 : 의지하다

중국에서도 실업난의 찬바람이 매섭게 불고 있다. 이로 인해 대학을 졸업한 후에도 사회로 진출하지 못하고 학교 주변을 맴돌며 계속 구직활동을 하거나 취직에 필요한 공부를 하는 학생들이 있는데, 이런 학생들을 가리켜 '赖校族'라고 한다. 즉, 졸업 후에도 '학교에 의지하고 지내는' 학생들을 말한다. 특히 지방에서 상경한 학생들은 취업에 성공하지 못하면 갈 곳이 없어지는 경우가 허다하다. 이들은 학교에서의 생활이 편리하고 저렴하기 때문에 더 머무르고 싶어하고, 이들을 학교가 받아줘야 하는지가 최근 대학 내 논쟁이 되고 있기도 하다. 비슷한 표현으로 '학교를 떠도는 무리'라는 뜻의 '校漂族(xiàopiāozú)'도 있다.

상황 1   식당에서 

刘芳 : 餐厅的环境还不错吧?
Liú Fāng : Cāntīng de huánjìng hái búcuò ba?

李明浩 : 真不错，一定很贵吧?
Lǐ Mínghào : Zhēn búcuò, yídìng hěn guì ba?

刘芳 : 贵是贵，不过又能吃到美食，又能看到美景，值得！
Liú Fāng : Guì shì guì, búguò yòu néng chī dào měishí, yòu néng kàn dào měijǐng, zhíde!

李明浩 : 还是你会选地方！
Lǐ Mínghào : Háishi nǐ huì xuǎn dìfang!

리우팡 식당 분위기가 괜찮지?

이명호 정말 좋아, 비싸지?

리우팡 비싸긴 한데, 맛있는 요리도 먹을 수 있고 멋진 풍경도 볼 수 있으니 제값 해!

이명호 역시 네가 장소를 잘 골라!

▶ 美食 měishí 맛있는 음식

상황 2   상하이 고층빌딩 

李明浩 : 那个最高的大厦叫什么?
Lǐ Mínghào : Nà ge zuì gāo de dàshà jiào shénme?

刘芳 : 环球金融中心，它旁边儿是金茂大厦。
Liú Fāng : Huánqiú Jīnróng Zhōngxīn, tā pángbiānr shì Jīnmào Dàshà.

李明浩 : 我这次来对上海更感兴趣了。
Lǐ Mínghào : Wǒ zhècì lái duì Shànghǎi gèng gǎnxìngqù le.

刘芳 : 那就常来吧，多了解了解中国的经济情况。
Liú Fāng : Nà jiù cháng lái ba, duō liǎojie liǎojie Zhōngguó de jīngjì qíngkuàng.

이명호 저기 제일 높은 빌딩은 뭐야?

리우팡 상하이 월드파이낸셜센터야, 그 옆에는 진마오빌딩이고.

이명호 나 이번에 와서 상하이에 대해 더 관심이 생겼어.

리우팡 그럼 중국 경제 상황도 알아볼 겸 자주 와.

상황 3 — 동창 모임(1) 

李明浩 : 见到你们我想起了大学时光。
Lǐ Mínghào : Jiàndào nǐmen wǒ xiǎng qǐ le dàxué shíguāng.

王亮 : 一晃这么多年过去了，大家都变了。
Wáng Liàng : Yìhuǎng zhème duō nián guòqu le, dàjiā dōu biàn le.

张力 : 李明浩，上学的时候刘芳可没少帮你呀！
Zhāng Lì : Lǐ Mínghào, shàngxué de shíhou Liú Fāng kě méi shǎo bāng nǐ ya!

李明浩 : 说的也是，来来，我敬刘芳一杯。
Lǐ Mínghào : Shuō de yě shì, láilai, wǒ jìng Liú Fāng yì bēi.

이명호 너희를 만나니까 대학 때가 생각난다.

왕량 어느새 시간이 이렇게 많이 지나고, 모두 다 변했네.

장리 명호야, 학교 다닐 때 리우팡이 너를 많이 도와줬잖아!

이명호 맞아. 자, 내가 리우팡한테 한 잔 따를게.

▶ **时光** shíguāng 시기, 시절
▶ **一晃** yìhuǎng 어느덧, 어느새, 눈 깜짝할 사이에
▶ **敬** jìng (술·차 따위를) 공손하게 올리다

상황 4 — 동창 모임(2) 

李明浩 : 班长的酒量还是那么大。
Lǐ Mínghào : Bānzhǎng de jiǔliàng háishi nàme dà.

刘芳 : 他是出了名的"千杯不醉"嘛。
Liú Fāng : Tā shì chū le míng de "Qiān bēi bú zuì" ma.

张力 : 来，大家举杯，为友谊，干杯！
Zhāng Lì : Lái, dàjiā jǔbēi, wèi yǒuyì, gānbēi!

王亮 : 为了下一次的重逢，咱们一口干了！
Wáng Liàng : Wèi le xià yí cì de chóngféng, zánmen yì kǒu gān le!

이명호 반장 주량이 역시 세구나.

리우팡 쟤가 유명한 "술고래"이잖아.

장리 자, 다들 잔을 들고, 우정을 위하여 건배하자!

왕량 다음번 재회를 위해 원샷!

▶ **出名** chūmíng 유명하다, 이름이 나다
▶ **重逢** chóngféng (오랫동안 못 보다가) 다시 만나다

1 단문을 잘 듣고 질문에 대한 대답이 맞으면 ○, 틀리면 ✕를 표시하세요. | 듣기 |  13-09

1 Q : 这家餐厅怎么样?

A : 这家餐厅价格贵，味道不怎么样。（　　）

2 Q : 小王最近怎么样?

A : 他现在发了大财成了老板。（　　）

3 Q : 我为什么对上海感兴趣了?

A : 因为上海可看的东西太多了。（　　）

4 Q : 一起喝酒的人是什么关系?

A : 他们是朋友或同学。（　　）

2 두 사람의 대화를 잘 듣고 질문에 알맞은 답을 고르세요. | 듣기 |  13-10

1 这双鞋怎么样?

A 样子不漂亮　　　　　B 质量很好　　　　　C 价格不贵

2 他们说小王怎么样?

A 小王学习很好　　　　B 小王没有电话号码　　　　C 小王的记忆力很好

3 男的现在的酒量怎么样?

A 比以前更好　　　　　B 没有以前好　　　　　C 和以前差不多

4 男的怎么样?

A 酒量大　　　　　　　B 肚子大　　　　　　　C 常运动

 **빈칸에 들어갈 알맞은 단어를 보기에서 고르세요.** | 어휘 |

厉害　　一流　　记得　　了解　　值得

1 北京大学、清华大华都是中国 ＿＿＿＿ 大学。

2 中国有很多好玩儿好看的地方，＿＿＿＿ 去！

3 那是二十年前的事儿了，但到现在我还 ＿＿＿＿。

4 小李真 ＿＿＿＿，他现在是三家公司的老板呢！

순서를 알맞게 배열하여 문장을 완성하세요. | 어법 |

1 A 和老同事聊天　　　B 以前一起工作的时候　　　C 感觉好像又回到了

2 A 马经理特意　　　B 点了一瓶五粮液　　　C 为合作成功干杯

3 A 当经理了　　　B 照你这么说　　　C 我早该升职

4 A 不过交通方便，也值了　　　B 贵是贵　　　C 这儿的房价

1 무슨 회사에 다니세요?
你在哪家公司上班? Nǐ zài nǎ jiā gōngsī shàngbān?

2 어느 부서에서 근무하세요?
你在哪个部门工作? Nǐ zài nǎ ge bùmén gōngzuò?

3 하루에 몇 시간 근무하세요?
你一天工作几个小时? Nǐ yì tiān gōngzuò jǐ ge xiǎoshí?

4 연봉이 얼마나 돼요?
你的年薪大概多少? Nǐ de niánxīn dàgài duōshao?

5 보너스를 얼마나 받아요?
你能拿到多少奖金? Nǐ néng nádào duōshao jiǎngjīn?

6 당신 회사의 근무조건은 어떻습니까?
你们公司的工作条件怎么样? Nǐmen gōngsī de gōngzuò tiáojiàn zěnmeyàng?

7 언제 과장이 되셨어요?
你什么时候当上科长的? Nǐ shénme shíhou dāng shàng kēzhǎng de?

8 승진했다고 들었어요. 축하합니다.
听说你升职了，恭喜恭喜。 Tīngshuō nǐ shēngzhí le, gōngxi gōngxi.

9 이 일은 내 적성에 안 맞아서 직업을 바꾸려고 해요.
这个工作不适合我，我想换个工作。
Zhè ge gōngzuò bú shìhé wǒ, wǒ xiǎng huàn ge gōngzuò.

10 요즘 야근이 많아서 저녁 12시가 되어서야 집에 도착해요.
最近经常加班，晚上12点才到家。
Zuìjìn jīngcháng jiābān, wǎnshang shí'èr diǎn cái dào jiā.

14 난징둥루에서 쇼핑하다

월요일 오전에 나는 리우팡과 함께 거리를 거닐며 사진을 찍기로 했어요.
그녀가 나에게 가 볼만한 곳 몇 곳을 소개해 주었습니다.
우리는 지하철을 타고 성황묘와 예원에 갔는데,
거기에서 정통 상하이 샤오룽바오를 맛볼 수 있었죠.
오후에는 난징둥루에 갔는데 사람도 많고 굉장히 번화했어요.
그곳에는 먹을 만한 것, 살 만한 것, 볼만한 것이 많았습니다.
다 돌아보고 나니 배는 불렀지만, 지갑은 오히려 텅 비어 버렸어요.
상하이 사람들의 현재 생활은 예전과 많이 달라졌어요.

● 난징루

상하이의 중심부를 관통하는 난징루(南京路)는 상하이 최대의 번화가이자 관광코스이다. 상하이 푸시 지역 중앙에 위치하며, 난징시루(南京西路)에서 난징둥루(南京东路)로 이어지고, 황푸강 유역의 와이탄까지 연결되어 도보로도 이동할 수 있다. 난징둥루 입구에는 1km에 이르는 난징루 보행거리(南京路步行街)가 있다.

예원

명대 한 관리가 아버지의 노후를 위해 18년간 축조한 정원으로, 베이징의 이화원을 본떠서 만들었다고 한다. 정원 안에는 40여 개의 정자와 누각이 있으며, 그 중 예원(豫园) 입구에 있는 호심정(湖心亭)은 100년이 넘는 역사를 가진 찻집으로 유명하다.

예원 쇼핑타운

예원을 둘러싸고 있는 쇼핑타운(豫园商城)으로, 청대 말 이전의 건축양식을 모방한 건축물들로 이루어져 있다.

상하이 옛거리

옛 상하이의 모습을 재현해 놓은 풍물거리(上海老街). 예원상업관광구 내에 위치해 있다.

 **이명호의 이야기** *14-01*

星期一上午，我约了刘芳一起去逛街拍照，
Xīngqī yī shàngwǔ, wǒ yuē le Liú Fāng yìqǐ qù guàng jiē pāizhào,

她给我介绍了几个值得*去的地方。
tā gěi wǒ jièshào le jǐ ge zhíde qù de dìfang.

我们坐地铁去了城隍庙和豫园，
Wǒmen zuò dìtiě qù le Chénghuángmiào hé Yùyuán,

在那儿可以尝到正宗的上海小笼包。
zài nàr kěyǐ cháng dào zhèngzōng de Shànghǎi xiǎolóngbāo.

下午，我们去了南京东路，人很多很热闹。
Xiàwǔ, wǒmen qù le Nánjīngdōnglù, rén hěn duō hěn rènao.

那儿有不少可吃的，可买的和可看的。
Nàr yǒu bùshǎo kě chī de, kě mǎi de hé kě kàn de.

一路逛下来*，我的肚子饱了，钱包却空了，
Yí lù guàng xiàlai, wǒ de dùzi bǎo le, qiánbāo què kōng le,

上海人现在的生活和从前大不一样了。
Shànghǎi rén xiànzài de shēnghuó hé cóngqián dà bù yíyàng le.

▶ 본문을 읽고 직접 해석해 보고, p.194에서 확인하세요.

새 단어  *14-02*

逛街 guàngjiē 길거리를 한가로이 거닐며 구경하다 / 城隍庙 chénghuángmiào 성황묘[성황신을 모신 사당] / 豫园
Yùyuán 예원[상하이에 있는 정원] / 正宗 zhèngzōng 정통의, 진정한 / 小笼包 xiǎolóngbāo 소가 든 만두

★ 值得 : '～할 만하다' '～할 만한 가치가 있다'라는 뜻의 동사이며, 부정형은 '不值得'가 된다.
　　　　목적어로 동사나 절이 올 수 있다.

★ 一路逛下来 : 동사 '逛'은 '구경하다' '돌아다니다'의 뜻이고, 뒤에 방향보어 '下来'가 와서 동
　　　　　　　작이 지속되었음을 나타낸다. '거리를 다 돌아보고 나니'로 해석할 수 있다.

Q&A　본문 읽고 대답하기

정답 p.247

1 李明浩和刘芳一起去干什么了?
　→

2 他们怎么去城隍庙和豫园的?
　→

3 他们下午去了哪儿?
　→

4 南京东路怎么样?
　→

5 李明浩的钱包怎么空了?
　→

14-03

（李明浩和刘芳走在上海最热闹、最繁华的南京路上。）

刘芳 ： 这就是上海最热闹的南京东路。
Liú Fāng ： Zhè jiùshì Shànghǎi zuì rènao de Nánjīngdōnglù.

李明浩 ： 这儿什么商店都有，真繁华！
Lǐ Mínghào： Zhèr shénme shāngdiàn dōu yǒu, zhēn fánhuá!

刘芳 ： 周末人太多，走都走不动❶。
Liú Fāng ： Zhōumò rén tài duō, zǒu dōu zǒu bu dòng.

李明浩 ： 这些衣服都在打折，真便宜！
Lǐ Mínghào： Zhè xiē yīfu dōu zài dǎzhé, zhēn piányi!

刘芳 ： 现在百货商场正在大减价。
Liú Fāng ： Xiànzài bǎihuòshāngchǎng zhèngzài dà jiǎnjià.

李明浩 ： 我的肚子有点饿了，我们去吃点儿东西吧！
Lǐ Mínghào： Wǒ de dùzi yǒudiǎn è le, wǒmen qù chī diǎnr dōngxi ba!

刘芳 ： 刚好❷对面就有小吃街，我们去尝尝吧！
Liú Fāng ： Gānghǎo duìmiàn jiù yǒu xiǎochī jiē, wǒmen qù chángchang ba!

李明浩 ： 种类这么多，我的眼睛都看花❸了。
Lǐ Mínghào： Zhǒnglèi zhème duō, wǒ de yǎnjing dōu kàn huā le.

새 단어  14-04

繁华 fánhuá (도시·거리가) 번화하다 / 减价 jiǎnjià 값을 내리다, 가격을 인하하다 / 刚好 gānghǎo 공교롭게, 때마침 / 小吃 xiǎochī 간단한 먹을거리, 스낵, 간식

198

(이명호와 리우팡이 상하이에서 가장 시끌벅적하고 번화한 난 징루를 걷고 있다.)

리우팡 여기가 바로 상하이에서 가장 시끌벅적한 난징둥루야.

이명호 별의별 가게가 다 있네, 정말 번화하다!

리우팡 주말엔 사람이 너무 많아서 걸어 다니지도 못할 정도야.

이명호 이 옷들 다 세일 중이야, 진짜 싸다!

리우팡 지금 백화점이 바겐세일 중이야.

이명호 배가 좀 고픈데, 우리 뭐 좀 먹으러 가자.

리우팡 마침 맞은편에 먹자골목이 있으니까 가서 좀 먹자!

이명호 종류가 이렇게나 많다니, 눈이 다 어지러운걸.

본문 읽고 선택하기

정답 p.247

1 南京西路是上海最热闹的地方。 O X

2 百货商场在打折，但是还是不便宜。 O X

3 刘芳的肚子饿了，他们一起去了面包店。 O X

4 上海的小吃种类不太多。 O X

① **周末人太多，走都走不动。**

'走不动'은 가능보어의 부정형으로 '걷지 못하겠다' '걸음을 뗄 수가 없다'라는 뜻입니다.

我累得走不动了。 나는 힘들어서 못 걷겠어요.
Wǒ lèi de zǒu bu dòng le.

五一劳动节的时候，外滩的人多得走不动。
WǔYī Láodòngjié de shíhou, Wàitān de rén duō de zǒu bu dòng.
5월 1일 노동절에는 걸어 다니기 힘들 정도로 와이탄에 사람이 많아요.

② **刚好对面就有小吃街，我们去尝尝吧！**

부사 '刚好'는 '공교롭게, 때마침'이라는 뜻으로, 어떤 경우나 기회에 알맞게 되었음을 나타냅니다.

刚好我也有时间。 마침 나도 시간이 있어요.
Gānghǎo wǒ yě yǒu shíjiān.

我们公司刚好要招人。 우리 회사가 마침 사람을 구하려고 해요.
Wǒmen gōngsī gānghǎo yào zhāo rén.

③ **种类这么多，我的眼睛都看花了。**

'眼睛看花'는 원래 '눈이 침침하다, 흐리다'라는 뜻이지만, 사물이 너무 많아서 선택하기 어려울 때 '눈이 어지럽다'라는 의미를 나타내기도 합니다.

看了一天电脑，我眼睛都看花了。 컴퓨터를 하루 종일 보았더니 눈이 침침해요.
Kàn le yì tiān diànnǎo, wǒ yǎnjing dōu kàn huā le.

打折期间东西太多，看得我眼睛都花了。 세일 기간에는 물건이 너무 많아서 눈이 어지러워요.
Dǎzhé qījiān dōngxi tài duō, kàn de wǒ yǎnjing dōu huā le.

[자유롭게 말하기]

예시 p.247

- 首尔最热闹、最繁华的地方是哪儿？那儿可吃的，可买的和可看的多不多？

- 如果你的钱包空了，一块钱也没有，你会怎么办？

---

half time　신조어 · 유행어

당신도 혹시 골드미스?　| 剩女 shèngnǚ

* 剩 : 남다, 남기다

여성의 사회적 진출이 확대됨에 따라, '3高女性(고학력, 고소득, 고연령의 여성들)'이 늘어나고 있다. 이른바 '剩女(골드 미스)'라고 불리고 있는 이들은 자기성취욕이 높으며, 자신에 대한 투자를 아끼지 않는 계층으로써 경제적으로도 상당한 구매력을 갖추고 있기 때문에 사회적으로 화두가 되고 있다. 평균 결혼 연령을 벗어난 '剩女'들은 항상 결혼에 대한 압박을 받고 있지만, 여느 남성들에게 뒤처지지 않는 탄탄한 직장, 어디 가서도 빠지지 않는 외모와 학력은 남성들에게 '범접할 수 없는 강한 포스(force)'를 물씬 풍긴다. 골드미스들이 결혼하지 못하는 이유는 아이러니하게도 그녀 자신들에게 있는 것이 아닐까?

상황 1 — 거리 구경(1) 

李明浩 : 今天天气不错，我们出去逛街好吗？
Lǐ Mínghào : Jīntiān tiānqì búcuò, wǒmen chūqu guàngjiē hǎo ma?

刘芳 : 好呀，我带你去几个好地方。
Liú Fāng : Hǎo a, wǒ dài nǐ qù jǐ ge hǎo dìfang.

李明浩 : 我想拍些上海老街的照片。
Lǐ Mínghào : Wǒ xiǎng pāi xiē Shànghǎi lǎo jiē de zhàopiàn.

刘芳 : 那我们先去城隍庙吧！
Liú Fāng : Nà wǒmen xiān qù Chénghuángmiào ba!

이명호 오늘 날씨 좋은데, 우리 나가서 좀 돌아다닐래?

리우팡 좋아, 내가 괜찮은 곳들로 모실게.

이명호 나는 상하이 옛 거리를 사진에 담고 싶어.

리우팡 그럼 우리 먼저 성황묘에 가재!

상황 2 — 거리 구경(2) 

李明浩 : 这儿的人真多啊！
Lǐ Mínghào : Zhèr de rén zhēn duō a!

刘芳 : 城隍庙有很多老上海的工艺品。
Liú Fāng : Chénghuángmiào yǒu hěn duō lǎo Shànghǎi de gōngyìpǐn.

李明浩 : 我正好想买点礼物送给朋友。
Lǐ Mínghào : Wǒ zhènghǎo xiǎng mǎi diǎn lǐwù sòng gěi péngyou.

刘芳 : 看看这个手工扇子吧，中、高档的都有。
Liú Fāng : Kànkan zhè ge shǒugōng shànzi ba, zhōng、gāodàng de dōu yǒu.

이명호 사람 정말 많다!

리우팡 성황묘에는 옛 상하이의 공예품이 아주 많아.

이명호 마침 친구에게 줄 선물을 사고 싶었어.

리우팡 이 수공예 부채 좀 봐봐. 중급, 고급품이 다 있어.

▶ **工艺品** gōngyìpǐn 공예품
▶ **扇子** shànzi 부채
▶ **中档** zhōngdàng (품질·가격 등이) 중급의
▶ **高档** gāodàng 고급의

李明浩 : 那儿怎么那么多人在排队?
Lǐ Mínghào : Nàr zěnme nàme duō rén zài páiduì?

刘芳 : 他们都是为了买正宗小笼包。
Liú Fāng : Tāmen dōu shì wèi le mǎi zhèngzōng xiǎolóngbāo.

李明浩 : 哇!看来味道一定很不错吧!
Lǐ Mínghào : Wā! Kànlái wèidao yídìng hěn búcuò ba!

刘芳 : 那我们也去凑凑热闹吧。
Liú Fāng : Nà wǒmen yě qù còucou rènao ba.

이명호 저기 왜 저렇게 많은 사람이 줄 서 있는 거야?

리우팡 다들 정통 샤오룽바오를 사기 위해서야.

이명호 와! 정말 맛있나 보다!

리우팡 그럼 우리도 합류해 볼까?

▸ 排队 páiduì 줄을 서다
▸ 凑热闹 còu rènao 사람이 많은 곳으로 가서 함께 즐긴다

李明浩 : 走了一上午,你累不累?
Lǐ Mínghào : Zǒu le yí shàngwǔ, nǐ lèi bu lèi?

刘芳 : 有点儿累了,咱们歇一会儿吧。
Liú Fāng : Yǒu diǎnr lèi le, zánmen xiē yíhuìr ba.

李明浩 : 正好我也渴了,我们找个地方喝点儿东西吧。
Lǐ Mínghào : Zhènghǎo wǒ yě kě le, wǒmen zhǎo ge dìfang hē diǎnr dōngxi ba.

刘芳 : 去前面那个安静的咖啡厅吧。
Liú Fāng : Qù qiánmian nà ge ānjìng de kāfēitīng ba.

이명호 오전 내내 걸어 다녔는데, 힘들지 않니?

리우팡 조금 피곤해. 우리 좀 쉬자.

이명호 마침 나도 목이 말라. 우리 어디 가서 뭐 좀 마시자.

리우팡 저 앞의 소용한 커피숍으로 가자.

▸ 歇 xiē 휴식하다, 쉬다
▸ 渴 kě 목마르다, 갈증나다

1 단문을 잘 듣고 질문에 대한 대답이 맞으면 〇, 틀리면 ✕를 표시하세요. | 듣기 | 14-09

1 Q : 我们打算去城隍庙干什么？

A : 我们打算去城隍庙拍一些照片。（　　）

2 Q : 我吃过这家的烤鸭吗？

A : 我还没吃过这家的烤鸭。（　　）

3 Q : 现在什么东西便宜？

A : 现在大减价，什么东西都便宜。（　　）

4 Q : 外滩附近怎么样？

A : 外滩附近可看的、可玩儿的和可吃的都很多。（　　）

2 두 사람의 대화를 잘 듣고 질문에 알맞은 답을 고르세요. | 듣기 | 14-10

1 他们要去哪儿？

A 很远的地方　　　　　　B 人多的地方　　　　　　C 安静的地方

2 他们可能干什么了？

A 坐地铁了　　　　　　　B 逛街了　　　　　　　　C 喝酒了

3 女的为什么买了很多衣服？

A 衣服很漂亮　　　　　　B 衣服打折　　　　　　　C 没有新衣服

4 "眼睛都花了"是什么意思？

A 可看的太多　　　　　　B 眼睛不舒服　　　　　　C 商店里有各种花

 **빈칸에 들어갈 알맞은 단어를 보기에서 고르세요.** | 어휘 |

> **보기**　　种类　　尝尝　　凑热闹　　工艺品　　排队

1　中国的春节最热闹，所以我打算去 ________ 。

2　这水果我从来没见过，可以 ________ 吗？

3　中国菜的 ________ 非常多，一辈子吃也吃不完的。

4　上车下车都要 ________ 。

4 **순서를 알맞게 배열하여 문장을 완성하세요.** | 어법 |

1　A 介绍了很多值得去的地方　B 小李在苏州生活了很久　C 这次他给我

____

2　A 这家书店的书　　　B 看得我眼睛都花了　　　C 非常多

____

3　A 我们先去逛街　　　B 然后再去吃饭　　　C 最后一起回家

____

4　A 我觉得很累　　　B 做了一天的工作　　　C 要休息一会儿才行

____

1 제가 전통 공예품을 좀 사려고 하는데요.
我想买点儿传统工艺品。 Wǒ xiǎng mǎi diǎnr chuántǒng gōngyìpǐn.

2 이 그림은 유명한 화가가 그린 것인가요?
这幅画是有名的画家画的吗? Zhè fú huà shì yǒumíng de huàjiā huà de ma?

3 저는 도자기에 관심이 많습니다.
我对陶瓷很感兴趣。 Wǒ duì táocí hěn gǎnxìngqù.

4 이것은 진품이에요, 모조품이에요?
这是真品还是赝品? Zhè shì zhēnpǐn háishi yànpǐn?

5 이것은 어느 시대 때 물건입니까?
这是哪个朝代的? Zhè shì nǎ ge cháodài de?

6 이 다기는 한 세트가 얼마예요?
这种茶具一套多少钱? Zhè zhǒng chájù yí tào duōshao qián?

7 깨지기 쉬우니 잘 포장해 주세요.
这个很容易碎，请帮我好好包装一下。
Zhè ge hěn róngyi suì, qǐng bāng wǒ hǎohāo bāozhuāng yíxià.

8 이런 화차는 한 냥에 얼마입니까?
这种花茶多少钱一两? Zhè zhǒng huāchá duōshao qián yì liǎng?

9 이것은 아주 귀중한 거니까 상자에 잘 담아주세요.
这个东西很贵重，请帮我用箱子包好。
Zhè ge dōngxi hěn guìzhòng, qǐng bāng wǒ yòng xiāngzi bāo hǎo.

10 이렇게 귀한 물건을 사게 되어 아주 기쁩니다.
买到这么珍贵的东西，我非常高兴！
Mǎi dào zhème zhēnguì de dōngxi, wǒ fēicháng gāoxìng!

제11일 PM 10:00

신티엔띠 노천카페를 가다

리우팡이 화이하이루에 명품 상점이 많다고 해서 가보고 싶었어요.
와! 이곳에는 세계 유명브랜드뿐만 아니라 상하이 특산품도 있었죠.
나는 여동생에게 줄 치파오를 사고 싶었는데, 조금 비쌌어요.
우리는 가게 주인과 가격을 흥정하였고, 결국 20% 싸게 샀어요.
날이 어두워지자, 리우팡은 나를 데리고 신티엔띠에 갔습니다.
그곳의 노천카페는 젊은이와 외국인에게 인기가 가장 많은 곳이에요.
우리는 맥주를 마시면서 재즈 음악을 듣고 상하이의 옛 골목 문화를 만끽했어요.
고전과 현대의 조화가 바로 상하이의 매력이에요.

화이하이루

푸둥 지역이 상하이 산업 발전의 상징이라면, 프랑스 조계 지역에 위치한
화이하이루(淮海路)와 신티엔띠(新天地)는 상하이 소비문화의 척도라 할
수 있다. 화이하이루는 난징루와 함께 상하이의 대표적 상업거리로, 명품
브랜드 샵과 백화점이 밀집해 있어 '패션의 거리' '쇼핑의 거리'로 불린다.

○ 신티엔띠

1900년대 초 상하이 양식의 건물에 유럽의 거리를 연상시키는
노천카페와 레스토랑이 어우러져 있어 상하이에서 가장 이국
적인 분위기를 느낄 수 있는 곳이디.

○ 톈쯔팡

상하이 문화예술 거리 톈쯔팡(田子坊). 서울 인
사동이 떠오르는 예스러운 느낌의 작은 가게들과
상하이를 중심으로 활동하는 국내외 예술가들의
작업실과 갤러리가 자리해 있다.

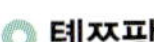

○ **상하이에 있는 대한민국 임시정부 유적지**

 **이명호의 이야기** 15-01

听刘芳说淮海路的名牌店很多，我很想去看看。
Tīng Liú Fāng shuō Huáihǎilù de míngpái diàn hěn duō, wǒ hěn xiǎng qù kànkan.

哇！这儿不仅有世界名牌，还有上海特产。
Wā! Zhèr bùjǐn yǒu shìjiè míngpái, hái yǒu shànghǎi tèchǎn.

我想买一件旗袍送给妹妹，但是有点儿贵，
Wǒ xiǎng mǎi yí jiàn qípáo sòng gěi mèimei, dànshì yǒudiǎnr guì,

我们跟老板讨价还价*，最后他给我打了八折。
wǒmen gēn lǎobǎn tǎojiàhuánjià, zuìhòu tā gěi wǒ dǎ le bā zhé.

天黑了，刘芳带我去新天地，
Tiān hēi le, Liú Fāng dài wǒ qù Xīntiāndì,

那儿的露天酒吧最受年轻人和外国人的欢迎*。
nàr de lùtiān jiǔbā zuì shòu niánqīngrén hé wàiguórén de huānyíng.

我们喝着啤酒，听着爵士乐，享受着老弄堂的文化*。
Wǒmen hē zhe píjiǔ, tīng zhe juéshìyuè, xiǎngshòu zhe lǎo lòngtáng de wénhuà.

古典和现代的结合，这就是上海的魅力。
Gǔdiǎn hé xiàndài de jiéhé, zhè jiùshì Shànghǎi de mèilì.

▶ 본문을 읽고 직접 해석해 보고, p.208에서 확인하세요.

 **새 단어** 15-02

名牌 míngpái 유명 상표, 유명 브랜드 / 特产 tèchǎn 특산물 / 新天地 Xīntiāndì 신티엔띠[지명] / 露天 lùtiān 옥외, 노천 / 爵士乐 juéshìyuè 재즈(jazz) / 弄堂 lòngtáng 룽탕[골목, 작은 거리] / 古典 gǔdiǎn 고전적인, 고전의 / 结合 jiéhé 결합하다, 결부하다 / 魅力 mèilì 매력

★ 讨价还价 : '값을 흥정하다'라는 뜻의 성어이다. 물건을 사고 팔 때, 파는 사람이 가격을 먼저
　　　　　　말하는 것을 '讨价' 또는 '要价'라고 하며, 사는 사람이 사고자 하는 가격을 먼저
　　　　　　말하는 것을 '还价' 또는 '讲价'라고 한다.

★ 受欢迎 : '인기가 많다, 환영을 받는다'라는 뜻으로, '~에게 인기가 많다'라고 할 때는 '受+사
　　　　　　람+欢迎'의 순서로 쓴다.

★ 喝着啤酒, 听着爵士乐, 享受着老弄堂的文化 : 동사 뒤에 지속을 나타내는 동태조사
　　　　　　　　　　　　　　　　　　　　　　　'着'를 반복해서 사용하면 '~하면서 ~
　　　　　　　　　　　　　　　　　　　　　　　하면서 ~하다'의 의미를 나타낸다.

Q&A　　본문 읽고 대답하기

정답 p.248

1　上海的淮海路什么商店很多?
　　→

2　李明浩买旗袍的时候讲价了吗? 打了几折?
　　→

3　晚上他们去了哪儿?
　　→

4　新天地的露天酒吧最受谁的欢迎?
　　→

5　李明浩觉得上海的魅力是什么?
　　→

15-03

（李明浩也想感受一下上海年轻人的生活。）

李明浩 ： 周末的时候，上海人一般都去哪儿？
Lǐ Mínghào: Zhōumò de shíhou, Shànghǎi rén yìbān dōu qù nǎr?

刘芳 ： 很多上海的年轻人喜欢泡吧或K歌。
Liú Fāng ： Hěn duō Shànghǎi de niánqīngrén xǐhuan pàobā huò K gē.

李明浩 ： 那和韩国差不多。上海晚上哪儿最热闹？
Lǐ Mínghào: Nà hé Hánguó chàbuduō. Shànghǎi wǎnshang nǎr zuì rènao?

刘芳 ： 新天地。那儿的露天酒吧很受欢迎。
Liú Fāng ： Xīntiāndì. Nàr de lùtiān jiǔbā hěn shòu huānyíng.

李明浩 ： 外国人也喜欢去那儿吗？
Lǐ Mínghào: Wàiguórén yě xǐhuan qù nàr ma?

刘芳 ： 当然，尤其是韩国人特别多。
Liú Fāng ： Dāngrán, yóuqí shì Hánguórén tèbié duō.

李明浩 ： 要是❶有时间能去看看就好了。
Lǐ Mínghào: Yàoshi yǒu shíjiān néng qù kànkan jiù hǎo le.

刘芳 ： 没问题，今晚我们就去，顺便❷还可以看看老弄堂。
Liú Fāng ： Méi wèntí, jīnwǎn wǒmen jiù qù, shùnbiàn hái kěyǐ kànkan lǎo lòngtáng.

새 단어  15-04

泡吧 pàobā (시간을 때우기 위해 장시간을) 바(bar)에서 보내다, PC방에서 보내다 / 尤其 yóuqí 더욱이, 특히 / 要是 yàoshi 만약, 만약 ~이라면

이명호 주말에 상하이 사람들은 보통 어디에 가니?

리우팡 상하이의 많은 젊은이들은 바(bar)나 노래방 가는 것을 좋아해.

이명호 그건 한국과 비슷하네. 상하이의 밤은 어디가 가장 번화하니?

리우팡 신티엔띠야. 그곳의 노천카페가 인기가 많아.

이명호 외국인도 그곳을 좋아하니?

리우팡 당연하지, 특히 한국인이 매우 많아.

이명호 시간이 있으면 한번 가 보면 좋겠다.

리우팡 문제없어, 오늘 밤에 가자. 간 김에 상하이 옛 룽탕도 볼 수 있을 거야.

본문 읽고 선택하기

정답 p.248

1 周末的时候，上海的年轻人只喜欢泡吧。　O　X

2 新天地是夜上海最热闹的地方。　O　X

3 外国人也喜欢去新天地，但是韩国人不多。　O　X

4 李明浩和刘芳约好下星期去新天地看看。　O　X

1 要是有时间能去看看就好了。

접속사 '要是'는 '만약 ~이라면'의 뜻으로 가정문에 쓰이며, '如果'와 같은 표현입니다. '要是……的话' '如果……的话'의 형식으로 쓰여 '만일 ~하다면'의 의미를 나타내기도 합니다.

你要是不来，我也不去了。 만일 당신이 안 온다면 나도 안 갈 거예요.
Nǐ yàoshi bù lái, wǒ yě bú qù le.

你要是没时间的话就别来了。 시간이 없다면 오지 마세요.
Nǐ yàoshi méi shíjiān de huà jiù bié lái le.

2 没问题，今晚我们就去，顺便还可以看看老弄堂。

부사 '顺便'은 '~하는 김에'의 뜻으로, 어떤 일의 기회나 계기를 이용함을 뜻합니다.

回家的路上，我顺便买了点儿水果。 집에 오는 길에 나는 과일을 좀 샀어요.
Huíjiā de lùshang, wǒ shùnbiàn mǎi le diǎnr shuǐguǒ.

你去超市顺便帮我买个面包吧。 슈퍼에 가는 김에 빵 좀 사다 줘.
Nǐ qù chāoshì shùnbiàn bāng wǒ mǎi ge miànbāo ba.

샘, '泡吧'와 'K歌'는 정확히 어떤 곳이에요?

둘 다 장소를 나타내는 단어가 아닌 걸~. '泡'는 '죽치다' '틀어박히다'라는 뜻이 있어. '泡吧'는 '술을 마시는 곳'이 아니라 '바(bar)'에 가서 술을 마시며 오랜 시간 동안 죽치고 있다'는 뜻이야. 'K歌' 역시 '노래방'이 아니라 '노래를 부르러 노래방에 가다'라는 의미야. 일반적으로 노래방은 '练歌房(liàngēfáng)' '练歌厅(liàngētīng)' 또는 'KTV'라고 해.

[자유롭게 말하기]

예시 p.248

- 哪儿的东西是一口价？哪儿的东西可以讲价？

- 你的哪些东西是名牌的？

---

half time 신조어 · 유행어

독수리타법도 무공의 일종? | 二指禅 èrzhǐchán

* 指 : 손가락

현대인에게 있어서, 컴퓨터가 없는 삶이란 상상하기조차 어렵다. 많은 사람이 컴퓨터, 노트북을 이용해 공간의 제약을 받지 않고 업무처리, 쇼핑, 정보검색 등을 한다. 이쯤 되면 모든 현대인이 능숙하게 키보드를 조작할 법도 하지만, 우리 주변엔 아직도 많은 사람이 검지손가락만 이용해 세월아 네월아 자판을 누른다. 검지손가락만 이용해서 키보드 치는 모습이 독수리가 먹이를 쪼는 것 같다 하여 붙여진 독수리타법. 중국어로는 뭐라고 할까? 중국에서는 무술용어를 인용했다. 바로 '二指禅'. 무술에서 검지손가락 두 개로 물구나무서기도 하고 공격과 방어를 현란하게 구사하는 무공, 그 유래가 참 재미있다. 하지만 최근엔 독수리타법만으로도 6~700타를 구사하는 능력자들이 있으니, 독수리타법을 무시할 수만도 없다. 이런 사람들이 독수리타법을 벗어나 열 손가락을 자유자재로 사용한다면 기본 타수가 1,000타는 나오지 않을까?

상황1 · 상점에서(1)

老板	:	请问你要买什么?
Lǎobǎn	:	qǐngwèn nǐ yào mǎi shénme?
刘芳	:	我们想买一件旗袍。
Liú Fāng	:	Wǒmen xiǎng mǎi yí jiàn qípáo.
老板	:	是您自己穿还是送朋友?
Lǎobǎn	:	Shì nín zìjǐ chuān háishi sòng péngyou?
李明浩	:	打算送给妹妹作礼物。
Lǐ Mínghào	:	Dǎsuan sòng gěi mèimei zuò lǐwù.

주인 무엇을 사시려고요?

리우팡 치파오 한 벌 사려고요.

주인 본인이 입으실 건가요, 친구에게 선물하실 건가요?

이명호 여동생에게 선물하려고 해요.

상황2 · 상점에서(2)

李明浩	:	这件挺漂亮的，多少钱?
Lǐ Mínghào	:	Zhè jiàn tǐng piàoliang de, duōshao qián?
老板	:	您的眼光真好，这是新款，300块。
Lǎobǎn	:	Nín de yǎnguāng zhēn hǎo, zhè shì xīnkuǎn, sān bǎi kuài.
刘芳	:	有点儿贵，能不能便宜点儿?
Liú Fāng	:	Yǒudiǎnr guì, néng bu néng piányi diǎnr?
老板	:	本来一口价，既然送礼，给你打个八折吧。
Lǎobǎn	:	Běnlái yì kǒu jià, jìrán sòng lǐ, gěi nǐ dǎ ge bā zhé ba.

이명호 이거 예쁘네요, 얼마예요?

주인 보는 눈이 있으시네요. 이거 신상품인데, 300위엔이에요.

리우팡 좀 비싸네요, 할인 안 되나요?

주인 원래 정찰제인데요, 선물하신다니 20% 할인해 드릴게요.

▶ 一口价 yì kǒu jià 고정 가격
▶ 既然 jìrán ~된 바에야, ~인 이상

상황 3   거리에서

李明浩 : 淮海路上的人穿得真时髦。
Lǐ Mínghào : Huáihǎilù shang de rén chuān de zhēn shímáo.

刘芳 : 这儿是上海有钱人常来购物的地方。
Liú Fāng : Zhèr shì Shànghǎi yǒu qián rén cháng lái gòuwù de dìfang.

李明浩 : 到处都能看到世界名牌的广告。
Lǐ Mínghào : Dàochù dōu néng kàn dào shìjiè míngpái de guǎnggào.

刘芳 : 香奈儿、路易·威登，想买什么名牌都能买到。
Liú Fāng : Xiāngnài'ér、Lùyìwēidēng, xiǎng mǎi shénme míngpái dōu néng mǎi dào.

이명호 화이하이루의 사람들은 스타일이 정말 세련됐네.

리우팡 여기는 상하이의 부자들이 쇼핑을 하러 자주 오는 곳이야.

이명호 곳곳에 세계 명품 광고가 눈에 띄는구나.

리우팡 샤넬, 루이뷔통, 사고 싶은 명품은 다 살 수 있어.

▶ **淮海路** Huáihǎilù 화이하이루[지명]
▶ **香奈儿** Xiāngnài'ér 샤넬[상표명]
▶ **路易·威登** Lùyìwēidēng 루이뷔통 [상표명]

상황 4   상하이 룽탕에서

李明浩 : 这儿的感觉跟老北京的胡同儿有点儿不一样。
Lǐ Mínghào : Zhèr de gǎnjué gēn lǎo Běijīng de hútòngr yǒudiǎnr bù yíyàng.

刘芳 : 在上海不叫胡同儿，叫弄堂。
Liú Fāng : Zài Shànghǎi bú jiào hútòng, jiào lòngtáng.

李明浩 : 我们找个环境好一点儿的酒吧坐一坐吧。
Lǐ Mínghào : Wǒmen zhǎo ge huánjìng hǎo yìdiǎnr de jiǔbā zuò yi zuò ba.

刘芳 : 我知道这条弄堂里就有一家。
Liú Fāng : Wǒ zhīdao zhè tiáo lòngtáng li jiù yǒu yì jiā.

이명호 이곳의 느낌은 옛 베이징의 '후통'과는 다소 다른 것 같아.

리우팡 상하이에서는 '후통'이 아니라 '룽탕'이라고 불러.

이명호 우리 분위기 좋은 바를 찾아서 들어가자

리우팡 내가 알기로는 이 룽탕 안에 한 집이 있어.

 **1** 단문을 잘 듣고 질문에 대한 대답이 맞으면 ○, 틀리면 ✗를 표시하세요. | 듣기 |  15-09

1 Q : 我花了多少钱买了这件衣服?

A : 我花了190块买了这件衣服。(　　)

2 Q : 这句话是什么意思?

A : 淮海路可看的很多。(　　)

3 Q : 年轻人周末喜欢干什么?

A : 年轻人周末喜欢泡吧和K歌。(　　)

4 Q : 哪国人学汉语最多?

A : 学汉语的韩国人最多。(　　)

 **2** 두 사람의 대화를 잘 듣고 질문에 알맞은 답을 고르세요. | 듣기 |  15-10

1 男的是什么意思?

A 减价打九折　　　　B 已经卖完了　　　　C 不能再便宜了

2 女的老家是哪儿?

A 北京　　　　B 上海　　　　C 日本

3 女的想去什么样的酒吧?

A 人多的　　　　B 安静的　　　　C 便宜的

4 女的说老年人喜欢做什么?

A 晚上散步　　　　B 中午休息　　　　C 早上运动

 **빈칸에 들어갈 알맞은 단어를 보기에서 고르세요.** | 어휘 |

尤其　　既然　　到处　　享受　　要是

1 春天来了，＿＿＿＿＿＿都能看到美丽的花儿。

2 ＿＿＿＿＿＿你喜欢的话，我可以送给你。

3 ＿＿＿＿＿＿你已经知道了，为什么不告诉我呢？

4 最近去中国留学的人很多，＿＿＿＿＿＿韩国人越来越多。

순서를 알맞게 배열하여 문장을 완성하세요. | 어법 |

1　A 这家饭店的　　　B 最受人们的欢迎　　　C 法国菜

2　A 还喜欢喝果汁儿　　　B 喜欢喝可乐　　　C 弟弟不仅

3　A 我都喜欢　　　B 尤其是海边儿　　　C 有山有水的地方

4　A 超市买东西吧　　　B 我们顺便去　　　C 吃完饭

1 가격이 곧 오를 거예요. 사려면 지금 사세요.
马上会涨价的，想买要赶快！ Mǎshàng huì zhǎngjià de, xiǎng mǎi yào gǎnkuài!

2 현금으로 낼 테니 더 싸게 해주세요.
我付现金，能不能再便宜点儿? Wǒ fù xiànjīn, néng bu néng zài piányi diǎnr?

3 할부가 가능해요?
可以分期付款吗? Kěyǐ fēnqī fùkuǎn ma?

4 세일 기간이라서 물건이 금방 품절될 겁니다.
打折期间，东西很快会卖光的。 Dǎzhé qījiān, dōngxi hěn kuài huì mài guāng de.

5 현금이 부족하니 나머지는 카드로 결재할게요.
现金不够，剩下的刷卡吧。 Xiànjīn bú gòu, shèngxià de shuākǎ ba.

6 디자인, 품질, 색상은 다 좋은데 가격이 좀 비싸네요.
款式，质量，颜色都不错，就是价钱有点儿贵。
Kuǎnshì, zhìliang, yánsè dōu búcuò, jiùshì jiàqián yǒudiǎnr guì.

7 가격이 어떻든 간에 나는 고급품을 살 거예요.
不管价钱怎么样，我要高档的。 Bùguǎn jiàqián zěnmeyàng, wǒ yào gāodàng de.

8 최대한 몇 퍼센트까지 할인해줄 수 있어요?
最低能打几折? Zuì dī néng dǎ jǐ zhé?

9 새것은 너무 비싸요. 좀 괜찮은 중고품으로 사야겠어요.
新的太贵了，还是买个好点儿的二手货吧。
Xīn de tài guì le, háishi mǎi ge hǎo diǎnr de èrshǒuhuò ba.

10 이것은 진품이에요, 가품이에요?
这是真货还是假货? Zhè shì zhēnhuò háishi jiǎhuò?

16

일정을 마치고 귀국하다

오늘 한국으로 돌아가야 합니다. 호텔 프런트에서 카드로 결제했는데, 생각지 못하게 10% 할인을 받았어요. 정말 의외의 횡재였지요. 나와 리우팡은 자기부상열차를 타고 푸둥공항으로 갔어요. 마치 나는 듯이 눈 깜짝할 사이에 도착했습니다. 리우팡은 나를 잘 챙겨주지 못한 거 같다며 미안해했지만, 나는 상하이에서 그녀에게 신세를 많이 져서 매우 고마웠어요. 우리는 작별인사를 하고 다음에 만날 것을 기약했지요. 이번 여행은 정말 즐거웠고 나에게 잊혀지지 않을 추억을 남겼어요.

● 푸둥국제공항

푸둥국제공항(浦东国际机场)은 1999년 기존의 훙차오국제공항(虹桥国际机场)을 대신하는 국제공항으로서 문을 열었고 현재는 상하이를 대표하는 국제공항으로 이용되고 있다.

◉ 푸둥공항 내부 표지판

푸둥공항에서 자기부상열차 또는 공항 버스, 택시를 이용해 시내로 갈 수 있다.

◉ 푸둥공항 외부 전경

◉ 자기부상열차

푸둥국제공항에는 자기부상열차 'Maglev'가 있다. 공항에서 지하철 2호선 룽양루(龙阳路)역까지 최고 시속 430km로 7분 만에 도착한다.

 이명호의 이야기 16-01

今天要回韩国了，我到饭店前台刷卡结账，
Jīntiān yào huí Hánguó le, wǒ dào fàndiàn Qiántái shuākǎ jiézhàng,

没想到还有九折优惠，真是意外惊喜★。
méi xiǎng dào hái yǒu jiǔ zhé yōuhuì, zhēnshi yìwài jīngxǐ.

我和刘芳坐磁悬浮列车去浦东机场，
Wǒ hé Liú Fāng zuò cíxuánfú lièchē qù Pǔdōng jīchǎng,

感觉像飞一样，一转眼就到了★。
gǎnjué xiàng fēi yíyàng, yìzhuǎnyǎn jiù dào le.

刘芳觉得对我照顾得不周到，很抱歉，
Liú Fāng juéde duì wǒ zhàogù de bù zhōudào, hěn bàoqiàn,

我在上海给她添了不少麻烦，很感谢她。
wǒ zài Shànghǎi gěi tā tiān le bùshǎo máfan, hěn gǎnxiè tā.

我们互相告别，希望下次再见，
Wǒmen hùxiāng gàobié, xīwàng xiàcì zàijiàn,

这次旅行很愉快，给我留下★了难忘的印象。
zhècì lǚxíng hěn yúkuài, gěi wǒ liú xià le nánwàng de yìnxiàng.

▶ 본문을 읽고 직접 해석해 보고, p.222에서 확인하세요.

 새 단어 16-02

刷卡 shuākǎ 카드로 결제하다 / 结账 jiézhàng 결제하다, 계산하다 / 优惠 yōuhuì 특혜의, 우대의 / 惊喜 jīngxǐ 놀라고도 기뻐하다 / 磁悬浮列车 cíxuánfú lièchē 자기부상열차 / 浦东机场 Pǔdōng jīchǎng 상하이 푸둥국제공항('上海浦东国际机场'의 줄임말) / 一转眼 yìzhuǎnyǎn 눈 깜짝할 사이, 어느덧 / 添麻烦 tiān máfan 폐를 끼치다, 번거롭게 하다 / 难忘 nánwàng 잊기 어렵다, 잊을 수 없다

★ 意外惊喜 : '생각하지도 못했던 좋은 일이 생겨 매우 기뻐하며 놀라다'라는 의미이다.

★ 一转眼就到了 : 명사 '一转眼'은 '눈 깜짝할 사이'라는 뜻이므로, '一转眼就到了'는 '순식간에 도착했다'라고 해석할 수 있다.

★ 留下 : 동사 '留'는 '남기다', 방향보어 '下'는 어떤 동작이 고정되어짐을 뜻하므로 '留下'는 '남겨두다'의 의미가 된다.

Q&A　본문 읽고 대답하기

정답 p.249

1 李明浩退房的时候怎么结账的?
→

2 他们坐什么去了浦东机场?
→

3 刘芳为什么觉得抱歉?
→

4 李明浩为什么要感谢刘芳?
→

5 李明浩觉得这次旅游怎么样?
→

16-03

（李明浩告别刘芳，还真有点儿舍不得。）

刘芳 ： 一连[1]几天都没好好儿陪你，不好意思。
Liú Fāng ： Yìlián jǐ tiān dōu méi hǎohāor péi nǐ, bùhǎoyìsi.

李明浩 ： 哪儿啊，我给你添了不少麻烦[2]。
Lǐ Mínghào： Nǎr a, wǒ gěi nǐ tiān le bùshǎo máfan.

刘芳 ： 这次时间太短了，下次有机会再来上海玩儿。
Liú Fāng ： Zhècì shíjiān tài duǎn le, xiàcì yǒu jīhuì zài lái Shànghǎi wánr.

李明浩 ： 有时间也欢迎你去首尔玩儿。
Lǐ Mínghào： Yǒu shíjiān yě huānyíng nǐ qù Shǒu'ěr wánr.

刘芳 ： 我一定去。登机时间快到了，你该进去了。
Liú Fāng ： Wǒ yídìng qù. Dēngjī shíjiān kuài dào le, nǐ gāi jìnqu le.

李明浩 ： 真有点儿舍不得[3]。
Lǐ Mínghào： Zhēn yǒudiǎnr shěbude.

刘芳 ： 祝你一路平安，再见。
Liú Fāng ： Zhù nǐ yílùpíng'ān, zàijiàn.

李明浩 ： 也祝你工作顺利，多保重。
Lǐ Mínghào： Yě zhù nǐ gōngzuò shùnlì, duō bǎozhòng.

새 단어  **16-04**

一连 yìlián 연이어, 계속해서 / **舍不得** shěbude 이별을 아쉬워하다, 헤어지기 섭섭해하다 / **保重** bǎozhòng 건강에 주의하다, 몸조심하다

226

(이명호는 리우팡과 작별 인사를 하며 아쉬워한다.)

리우팡 그동안 잘 챙겨주지 못해서 미안하네.

이명호 무슨 소리야, 너한테 신세 많이 졌어.

리우팡 이번엔 시간이 너무 짧았어. 다음번에 기회
　　　　되면 상하이에 또 놀러 와.

이명호 시간 있으면 너도 서울에 놀러 와.

리우팡 꼭 갈게. 탑승시간 다 되간다. 너 들어가야겠어.

이명호 정말 아쉽다.

리우팡 조심히 잘 가. 안녕.

이명호 하는 일 잘되길 바라고 건강해.

O/X 본문 읽고 선택하기

정답 p.249

1　李明浩觉得这次旅行给刘芳添了很多麻烦。　O X

2　李明浩不欢迎刘芳去韩国玩儿。　O X

3　刘芳去过韩国很多次，不想再去了。　O X

4　李明浩和刘芳经常见面，所以他们不觉得舍不得。　O X

1 一连几天都没好好儿陪你，不好意思。

부사 '一连'은 '계속해서, 잇따라'라는 뜻으로, '一连几天'은 '며칠 동안 계속해서'라는 의미입니다.

最近一连下了三天雨。 요즘 사흘 동안 계속해서 비가 내렸어요.
Zuìjìn yìlián xià le sān tiān yǔ.

我最近忙得一连几天都没睡好觉。 나는 요즘 너무 바빠서 며칠 동안 계속 잠을 잘 못 잤어요.
Wǒ zuìjìn máng de yìlián jǐ tiān dōu méi shuì hǎo jiào.

2 哪儿啊，我给你添了不少麻烦。

'더하다, 보태다'라는 뜻의 동사 '添'과 '귀찮게 하다'라는 뜻의 '麻烦'이 함께 쓰여 '폐를 끼치다, 귀찮게 하다'의 의미를 나타냅니다.

老师，我孩子给你添麻烦了。 선생님, 우리 아이가 폐를 많이 끼쳐 드렸네요.
Lǎoshī, wǒ háizi gěi nǐ tiān máfan le.

你别来添麻烦了。 너 자꾸 와서 귀찮게 하지 마.
Nǐ bié lái tiān máfan le.

3 真有点儿舍不得。

'不得'는 동사나 형용사 뒤에 쓰여 '~해서는 안 된다' '~할 수가 없다'의 뜻을 나타냅니다. 여기서 '舍不得'는 동작을 행한 후 아쉬운 감정을 갖거나 혹은 아쉬워서 동작을 행할 수 없다는 두 가지 의미를 다 나타낼 수 있습니다.

王丽很舍不得离开爸爸妈妈。 왕리는 부모님과 헤어지는 것을 매우 섭섭해해요.
Wáng Lì hěn shěbude líkāi bàba māma.

我当然舍不得把我最喜欢的东西给别人。 당연히 내가 가장 좋아하는 물건을 남에게 주기 아깝지.
Wǒ dāngrán shěbude bǎ wǒ zuì xǐhuan de dōngxi gěi biérén.

[자유롭게 말하기]

예시 p.249

- 你现在有几张信用卡和优惠卡？你买东西经常刷卡吗？

- 什么时候会让你觉得"舍不得"？（请说出三项）

---

half time | 신조어 · 유행어

살충제로는 못 죽이는 빈대 | 啃老族 kěnlǎozú

* 啃 : 물어뜯다, 뜯어 먹다

수수께끼를 풀어보자. '직업이 없고, 부모에게 의지하여 하루하루 풍족하게 먹고 살지만 의욕이 없고, 용모는 번듯하지만 인정과 의리가 없으며, 제멋대로 행동하고, 여러 장소를 떠돌아다니고 한 곳에 앉으면 잘 움직이지 않는 매우 쓸모없는 존재(一直无业, 二老啃光, 三餐饱食, 四肢无力, 五官端正, 六亲不认, 七分任性, 八方逍遥, 九(久)坐不动, 十分无用)'. 과연 무엇을 말하고자 하는 것일까? 답은 캥거루족 혹은 니트족이라고도 하는 '啃老族'이다. 한 글자씩 해석해보면 부모님을 뜯어먹고 사는 사람이라는 무서운 단어지만, 자립할 나이가 되었는데도 취직을 하지 않거나, 취직해도 독립적으로 생활하지 않고 부모에게 경제적으로 의존하는 젊은이들을 일컫는 씁쓸한 단어이다.

상황 1 — 호텔 체크아웃 

李明浩 Lǐ Mínghào	服务员，我想退房，请结账。 Fúwùyuán, wǒ xiǎng tuìfáng, qǐng jiézhàng.
服务员 Fúwùyuán	好的。先生，这是您的账单。 Hǎo de. Xiānsheng, zhè shì nín de zhàngdān.
李明浩 Lǐ Mínghào	可以刷卡吗？ Kěyǐ shuākǎ ma?
服务员 Fúwùyuán	我看一下，您的卡在我们饭店可以享受九折优惠。 Wǒ kàn yíxià, nín de kǎ zài wǒmen fàndiàn kěyǐ xiǎngshòu jiǔ zhé yōuhuì.

이명호 저기요, 체크아웃하려고 해요. 계산해 주세요.

종업원 네. 손님, 여기 계산서입니다.

이명호 카드 결제되나요?

종업원 확인해 볼게요. 손님의 카드는 우리 호텔에서 10% 할인 받으실 수 있어요.

▶ 账单 zhàngdān 계산서, 명세서

상황 2 — 배웅(1) 

李明浩 Lǐ Mínghào	你怎么这么早就来了。 Nǐ zěnme zhème zǎo jiù lái le.
刘芳 Liú Fāng	今天要送贵客嘛！ Jīntiān yào sòng guìkè ma!
李明浩 Lǐ Mínghào	什么贵客，你真会开玩笑。 Shénme guìkè, nǐ zhēn huì kāi wánxiào.
刘芳 Liú Fāng	行李收拾好了吧，那我们这就去浦东机场。 Xíngli shōushi hǎo le ba, nà wǒmen zhè jiù qù Pǔdōng jīchǎng.

이명호 너 왜 이렇게 일찍 왔어?

리우팡 오늘 귀빈을 배웅해야 하잖아.

이명호 귀빈은 무슨, 농담도 잘하네.

리우팡 짐은 다 챙겼지? 그럼 우리 푸둥공항으로 가자.

▶ 贵客 guìkè 귀빈, 귀한 손님

상하이 자기부상열차에서

李明浩	这站台又宽敞又明亮，感觉真舒服。
Lǐ Mínghào	Zhè zhàntái yòu kuānchang yòu míngliàng, gǎnjué zhēn shūfu.
刘芳	这就是中国唯一的磁悬浮列车。
Liú Fāng	Zhè jiùshì Zhōngguó wéiyī de cíxuánfú lièchē.
李明浩	速度的确惊人，好像有种飞的感觉。
Lǐ Mínghào	Sùdù díquè jīng rén, hǎoxiàng yǒu zhǒng fēi de gǎnjué.
刘芳	时速400多公里呢。
Liú Fāng	Shísù sì bǎi duō gōnglǐ ne.

이명호 이 플랫폼은 넓고 환해서 정말 쾌적하다.

리우팡 이게 바로 중국 유일의 자기부상열차야.

이명호 속도가 정말 놀라워. 마치 나는 듯한 느낌이야.

리우팡 시속 400km가 넘어.

▶ **宽敞** kuānchang 넓다, 널찍하다
▶ **明亮** míngliàng 환하다, 밝다

배웅(2)

刘芳	这次上海之行感觉如何？
Liú Fāng	Zhècì Shànghǎi zhī xíng gǎnjué rúhé?
李明浩	时间虽然有点儿紧，不过我玩儿得很开心。
Lǐ Mínghào	Shíjiān suīrán yǒudiǎnr jǐn, búguò wǒ wánr de hěn kāixīn.
刘芳	你能满意我也很高兴。
Liú Fāng	Nǐ néng mǎnyì wǒ yě hěn gāoxìng.
李明浩	谢谢你百忙中陪我。这是我的一点儿心意，一定收下。
Lǐ Mínghào	Xièxie nǐ bǎimáng zhōng péi wǒ. Zhè shì wǒ de yìdiǎnr xīnyi, yídìng shōuxià.

리우팡 이번 상하이 여행은 어땠니?

이명호 시간은 좀 빡빡했지만, 정말 즐겁게 보냈어.

리우팡 네가 만족했다니 나도 기분 좋다.

이명호 바쁜데도 함께 해줘서 고마워. 이건 내 조그만 성의야, 꼭 받아 줘.

▶ **百忙** bǎimáng 매우 바쁘다, 눈코 뜰 새 없이 바쁘다
▶ **收下** shōuxià 받다, 받아 두다

내 실력 확인하기

1 단문을 잘 듣고 질문에 대한 대답이 맞으면 ○, 틀리면 ✕를 표시하세요. | 듣기 | 16-09

1 Q : 哪种结账方式有优惠？

A : 现金结账才可以享受优惠。（　　）

2 Q : 我觉得这次旅行怎么样？

A : 这次旅行给我留下很深的印象。（　　）

3 Q : 我现在觉得怎么样？

A : 给朋友添了太多的麻烦，觉得很抱歉。（　　）

4 Q : 说话人是什么意思？

A : 李红是小张的女朋友，他觉得这是不可能的。（　　）

2 두 사람의 대화를 잘 듣고 질문에 알맞은 답을 고르세요. | 듣기 | 16-10

1 男的应该怎么结账？

A 付现金　　　　　　B 用信用卡　　　　　　C 现金和信用卡都可以

2 女的是什么意思？

A 她是歌手　　　　　B 她喜欢开玩笑　　　　C 她不是歌手

3 男的给了女的什么？

A 礼物　　　　　　　B 名片　　　　　　　　C 电影票

4 他们在干什么？

A 告别　　　　　　　B 逛街　　　　　　　　C 结账

 **빈칸에 들어갈 알맞은 단어를 보기에서 고르세요.** | 어휘 |

惊喜　　开玩笑　　抱歉　　舍不得　　难忘

1　今天是张老师的生日，我们打算给他一个 ＿＿＿＿＿＿。

2　儿子明天就要去美国留学了，我心里真 ＿＿＿＿＿＿ 呢。

3　＿＿＿＿＿＿，我今天身体不舒服，不能去上班了。

4　今晚和你们聊得太高兴了，真是我 ＿＿＿＿＿＿ 的一天。

순서를 알맞게 배열하여 문장을 완성하세요. | 어법 |

1　A 欢迎你　　B 以后有时间　　C 来我家玩儿

2　A 真有点儿舍不得　　B 要去美国留学　　C 哥哥明天

3　A 几折优惠　　B 用这张信用卡购物　　C 可以享受

4　A 她的汉语　　B 像中国人一样　　C 说得的确很好

1 한국에 오게 되면 나한테 꼭 연락하세요.
如果你来韩国一定要和我联络。 Rúguǒ nǐ lái Hánguó yídìng yào hé wǒ liánluò.

2 이번 휴가 때 한국에 놀러 오는 것은 어때요?
这次休假来韩国玩儿怎么样? Zhècì xiūjià lái Hánguó wánr zěnmeyàng?

3 한국에 오시면 제가 가이드가 되어 드릴게요.
要是你来韩国，我给你做导游。 Yàoshi nǐ lái Hánguó, wǒ gěi nǐ zuò dǎoyóu.

4 이번 여행은 오랫동안 기억에 남을 겁니다.
这次旅游我一定很长时间都忘不了。
Zhè cì lǚyóu wǒ yídìng hěn cháng shíjiān dōu wàng bu liǎo.

5 저 때문에 시간을 많이 뺏겨서 정말 죄송합니다.
为了我耽误了你很多时间，真不好意思。
Wèi le wǒ dānwu le nǐ hěn duō shíjiān, zhēn bùhǎoyìsi.

6 다음번에는 당신과 중국어로 유창하게 대화하고 싶습니다
我希望下次来能和你说一口流利的汉语。
Wǒ xīwàng xiàcì lái néng hé nǐ shuō yìkǒu liúlì de Hànyǔ.

7 다음에는 시간을 내서 중국 각 지역을 여행하고 싶어요.
我希望下次有时间能到中国各地去旅游。
Wǒ xīwàng xiàcì yǒu shíjiān néng dào Zhōngguó gèdì qù lǚyóu.

8 서울에 도착하면 꼭 연락 드릴게요.
到了首尔我一定打电话给你。 Dào le Shǒu'ěr wǒ yídìng dǎ diànhuà gěi nǐ.

9 우리 여기서 작별 인사해요.
我们在这儿告别吧！ Wǒmen zài zhèr gàobié ba!

10 몸 건강하고, 우리 다음에 또 만나요.
你多保重，我们下次再见！ Nǐ duō bǎozhòng, wǒmen xiàcì zàijiàn!

정답 및 듣기 대본

01

● **Q&A** 본문 읽고 대답하기 p. 15

1 李明浩是上班族，他是韩国公司的代理。
2 李明浩今天坐飞机去北京。公司派他去北京出差。
3 李明浩坐的是中国东航5088次班机。是上午九点起飞的。
4 飞机起飞两个小时前，李明浩就到了仁川机场。
5 北京和首尔有时差。差一个小时。

● **O/X** 본문 읽고 선택하기 p. 17

1 ×　　2 ×　　3 ×　　4 ○

● **자유롭게 말하기** p. 19

1 我最近坐飞机去过新加坡。我在新加坡停留了五天，我是去旅游的，顺便去看了一下我朋友。我朋友在新加坡工作，我在他家住了五天。
2 飞机里一般提供报纸、毯子、药、食品和饮料等。食品有牛肉、鸡肉、鱼肉、沙拉和面包。饮料有咖啡、红茶、果汁儿、可乐、啤酒等很多。

● **내 실력 확인하기** p. 22

1 (1) ×　　(2) ○　　(3) ×　　(4) ×

듣기 대본

(1) 上海和首尔有时差，上海比首尔慢一个小时。
　　질문：首尔现在是上午9点，上海是几点？
(2) 请大家系好安全带，飞机马上要起飞了。
　　질문：飞机起飞了没有？
(3) 公司派小李下个月去美国公司看看。

질문：小李去美国的入境目的是什么？
(4) 飞机上除了果汁儿，还提供咖啡和茶等饮料，但没有白酒。
　　질문：飞机提供果汁儿吗？

2 (1) C　(2) B　(3) B　(4) A

듣기 대본

(1) 女：您这次去中国出差停留多长时间？
　　男：我要待一个星期。
　　질문：男的这次出差几天？
(2) 男：请系好安全带，我们马上就要开车了！
　　女：不好意思，我忘了。
　　질문：他们在哪儿？
(3) 女：请问您想喝点儿什么？
　　男：除了咖啡，什么都可以。
　　질문：男的可能喝什么？
(4) 女：请问您是不是坐错了，我的座位是靠窗的。
　　男：我看错了，我的是靠走道的。
　　질문：男的的座位在哪儿？

3 (1) 除了　(2) 马上　(3) 需要　(4) 紧张

4 (1) 朋友住得很远，我坐了一个小时公交车才到他家。
(2) 我不知道中国和韩国有时差，没有调手表。
(3) 小王看错了登机牌，他的座位是靠窗的不是靠走道的。
(4) 我是来旅游的不是来出差的，打算停留一个月。

02

● **Q&A** 본문 읽고 대답하기 p. 29

1 中华公司的王助理开车来接李明浩。
2 他们见面后交换了名片，互相问候。

3 李明浩曾经在北京学过一年多的汉语。

4 不是，北京饭店是一家百年老店。

5 北京饭店就在天安门东边儿，交通很方便。

● `O/X` 본문 읽고 선택하기 **p. 31**

1 ×　**2** ×　**3** ×　**4** ○

● 자유롭게 말하기 **p. 33**

1 名片上一般写着公司名称、职位、姓名、公司地址、电话号码、手机号码、e-mail和公司网址等。

2 第一，交通要方便。离市中心越近越好。
第二，价格不贵。
第三，房间要干净，设施要好。

● 내 실력 확인하기 **p. 36**

1 (1) ×　(2) ×　(3) ×　(4) ×

`듣기 대본`

(1) 小王学过五年英语，难怪她的英语说得这么好！
질문 : 小王说英语说得怎么样？

(2) 王先生，不好意思，事情不太顺利，让您久等了。
질문 : 王先生等了多长时间？

(3) 这家是百年老店，很有名，我爷爷奶奶最爱吃这里的菜。
질문 : 这家饭店是不是新建的？

(4) 我在韩国的时候就听说上海很不错，不过还没去过。
질문 : 我去过上海吗？

2 (1) B　(2) C　(3) B　(4) B

`듣기 대본`

(1) 女 : 这是你第几次来天津？
男 : 以前只听说过，一次也没来过。

질문 : 男的以前来过天津吗？

(2) 男 : 你结婚都五年了，难怪你做的菜这么好吃！
女 : 哪里，您过奖了，还差得远呢。
질문 : 女的觉得自己做的菜怎么样？

(3) 女 : 听说你住在市中心，房价一定很贵吧？
男 : 贵是贵，但是离哪儿都近，交通挺方便的。
질문 : 男的在说什么？

(4) 男 : 刚下飞机，您一路辛苦了，我来帮您拿行李。
女 : 谢谢您来接我，这次一切都很顺利。
질문 : 他们在哪儿？

3 (1) 曾经　(2) 简单　(3) 安静　(4) 一切

4 (1) 小李帮我在网上订了一张飞机票，我很感谢他。

(2) 我告诉他我曾经在美国留学过三年，所以会说英语。

(3) 去见朋友的路上，我接到了公司的电话，要派我去出差。

(4) 明天要回中国了，爸爸开车到机场接我。

03

● `Q&A` 본문 읽고 대답하기 **p. 43**

1 李明浩和王助理商量好这次的日程安排。

2 李明浩看了会议资料，还给韩国总公司发了邮件。

3 李明浩和朋友在网上聊天儿。

4 他们以前是北大的同学，她帮过李明浩很多。

5 李明浩打算等北京的工作一结束，就去看刘芳。

● **O/X 본문 읽고 선택하기 p. 45**

1 × **2** ○ **3** × **4** ×

● **자유롭게 말하기 p. 47**

1 第一，邮件收发很快。如果写信国内要两三天，国外要一个星期才能收到。
第二，邮件用电脑打字很快。信件要用手写，比较花时间。

2 学校的事情，我找同学商量。公司的事情，我找朋友和同事商量。别的事情我自己想办法，自己解决。

● **내 실력 확인하기 p. 50**

1 (1) × (2) × (3) × (4) ×

[듣기 대본]

(1) 我一到公司,就给你发邮件，发了邮件我再打电话给你。
질문：我到公司后先发邮件还是先打电话？

(2) 会议结束了，王小姐开始在网上和美国的朋友聊天儿。
질문：王小姐怎么和朋友聊天儿？

(3) 明天的日程安排很紧，我不能和你见面了。
질문：我为什么不能和朋友见面？

(4) 如果你有什么问题，下班以后给我打电话。
질문：我什么时候可以接电话？

2 (1) C (2) B (3) B (4) A

[듣기 대본]

1 (1) 女：天不早了，我该回去了。
男：天都黑了，我送你吧。
질문：现在是什么时候？

(2) 男：请把明天的会议资料发给我，我要提前准备一下。
女：我昨天晚上已经发给您了。
질문：男的明天有什么安排？

(3) 女：这本书你看了快一个月了，怎么还没看完？
男：最近有点儿忙，昨天刚出差回来。
질문：男的为什么没看完书？

(4) 女：听说这次考试你得了第一名。
男：为了这次考试我准备了很长时间呢。
질문：男的怎么考了第一名？

3 (1) 然后 (2) 结束 (3) 感兴趣 (4) 商量

4 (1) 我打算一做完工作就和朋友一起去看电影。

(2) 我和小王为了明天的会议，一起商量到很晚。

(3) 我对这次的汽车展览会很有兴趣，有时间的话一定要去看看。

(4) 我这次出差时间太紧，可能不能和你见面了。

<hr>

04

● **Q&A 본문 읽고 대답하기 p. 57**

1 王助理给李明浩介绍了她的同事。

2 上午李明浩和他们一起开了个会，认真听了新产品的介绍。

3 会议一结束就参观了工厂。

4 李明浩去国贸中心看了计算机展览。

5 李明浩觉得中国的计算机技术发展得很快。

● **O/X 본문 읽고 선택하기 p. 59**

1 × **2** × **3** × **4** ○

1 如果可以的话，我想参观韩国的乐天食品工厂。我听说乐天食品的历史很长，面包、饮料什么的都很有名。我很想看看他们工厂的技术和食品制作情况。

2 当然要先知道中国吃的、穿的、住的和交通等情况。还要会说一点儿汉语，在中国不会说汉语去哪儿都不方便。

● **내 실력 확인하기** p. 64

1 (1) ×　(2) ×　(3) ○　(4) ×

듣기 대본

(1) 我在电影院看法国电影，没想到这电影这么有意思。
질문：我觉得这电影有没有意思？

(2) 这是我新买的衣服，有点儿贵，花了五百五十块呢！
질문：我买的衣服贵不贵？

(3) 我们工厂这个月的生产力比上个月提高了一倍。
질문：我们工厂的生产力这个月高还是上个月高？

(4) 今天参观了工厂，虽然规模不大，但是设备很新，我很满意。
질문：工厂的规模大不大？

2 (1) B　(2) A　(3) A　(4) C

듣기 대본

1 (1) 女：怎么样？这部电影不错吧？
男：想不到这么有意思，我想再看一遍。
질문：男的觉得电影怎么样？

(2) 女：今天虽然很累，但是工作都做完了。
男：辛苦了，你今天好好休息吧。
질문：女的为什么觉得累？

(3) 女：小王，我来给你介绍，这位是我们的新同事张丽。
男：张丽，你好，见到你很高兴。
질문：小王和张丽常见面吗？

(4) 男：张助理，我明天的日程是怎么安排的？
女：经理，您明天上午要参加会议，下午参观工厂。
질문：哪个不是经理明天的安排？

3 (1) 虽然　(2) 大概　(3) 早就　(4) 没想到

4 (1) 没想到这家餐厅的菜味道这么好，下次我还要再来。

(2) 我到家以后给哥哥打了电话，然后打开电脑和朋友聊天。

(3) 这次旅行虽然很累，但是能和朋友们一起玩儿，我很开心。

(4) 这件衣服设计得很独特，在市场上卖得很好。

05

● **Q&A** **본문 읽고 대답하기** p. 71

1 北京是一个古都，有很多地方值得去看。

2 有长城、颐和园、天安门、故宫、天坛等地方。

3 晚上李明浩去拜访了杨老师。她是李明浩留学时的中文老师。

4 杨老师住在前门附近的胡同里，是一个四合院儿。

5 四合院和公寓比起来生活不太方便，但很有老北京的味道，

● **O/X** **본문 읽고 선택하기** p. 73

1 ×　**2** ×　**3** ○　**4** ×

● **자유롭게 말하기** p. 75

1 我现在住公寓。住公寓最方便的是有电梯、有停车场、还有小公园，住起来很舒服。

2 在韩国，退了休，有的人去旅游，有的人去老年大学学习，有的人开餐厅。大部分人都不喜欢待在家里。

● **내 실력 확인하기** p. 78

1 (1) ○   (2) ×   (3) ×   (4) ×

듣기 대본

(1) 你这么忙还抽时间和我见面，非常感谢。
질문 : 他们常见面吗？

(2) 这条裙子和那条裙子比起来，更有中国的味道。
질문 : 哪条裙子更有中国的味道？

(3) 北京的变化真大，和我上次来旅游的时候大不一样了。
질문 : 我觉得北京现在怎么样？

(4) 王先生住在公寓，所以他觉得生活没什么不方便。
질문 : 王先生觉得住公寓怎么样？

2 (1) C   (2) A   (3) B   (4) B

듣기 대본

1 (1) 女 ： 我们去前面那家咖啡厅喝咖啡吧。
男 ： 这次我们别喝咖啡了，去茶馆喝茶吧。
질문 : 男的想喝什么？

(2) 女 : 下个月我们一起去日本旅游吧。
男 ： 好主意，下个月我刚好有时间。
질문 : 男的也想去旅游吗？

(3) 男 ： 沈阳的变化可真大，和我上次来出差时大不一样了。
女 ： 是呀，沈阳这几年发展得很快。
질문 : 男的以前去沈阳干什么？

(4) 女 : 这个周末我想去看最新的那个美国电影。
男 ： 我也没什么特别的事儿，陪你一起去看吧。
질문 : 男的要做什么？

3 (1) 习惯   (2) 搬家   (3) 硬朗   (4) 考虑

4 (1) 他家离公司很远，但在地铁站附近，交通还算方便。

(2) 晚上小王请我到北京饭店吃饭，我们聊了很多工作的事。

(3) 和飞机比起来火车速度不快，但票价便宜。

(4) 中学同学们的变化都很大，和上学时大不一样了。

06

● **Q&A** **본문 읽고 대답하기** p. 85

1 李明浩的人民币快花光了。

2 王府井百货大楼在银行旁边。

3 不但质量好，而且价钱也不贵。

4 李明浩回饭店试穿了。感觉有点儿小。

5 晚上，李明浩有点发烧。

● **O/X** **본문 읽고 선택하기** p. 87

1 ×   **2** ×   **3** ○   **4** ×

● **자유롭게 말하기** p. 89

1 我觉得红色、蓝色最适合我，当然白色、黑色也不错。

2 我不马上去医院。一般去药店买药，吃了药在家好好休息。

● 내 실력 확인하기 p. 92

1 (1) ×　(2) ×　(3) ○　(4) ×

듣기 대본

(1) 我买了一双皮鞋。不但质量好，而且价钱也不贵。
　　질문：这双皮鞋怎么样？

(2) 如果您想换货，七天内带发票来就可以了。
　　질문：怎么才能换货？

(3) 晚上，我肚子有点儿饿，但是出去吃饭太麻烦了。
　　질문：我想出去吃饭吗？

(4) 我可以用中国的信用卡在韩国刷卡买东西。
　　질문：用我的信用卡可以在韩国买东西吗？

2 (1) C　(2) B　(3) B　(4) B

듣기 대본

1 (1) 女：请问，我想去中国银行怎么走？
　　　男：马路对面的百货大楼，它后边儿就是中国银行。
　　　질문：中国银行在百货大楼哪边儿？

(2) 女：呀，早上起晚了，会议资料忘带了。
　　　男：幸亏我多准备了，给你一份。
　　　질문：女的怎么了？

(3) 男：你又发烧又咳嗽，好像感冒了，我帮你买点儿药好不好？
　　　女：谢谢，不用了，我下午要去医院。
　　　질문：女的要干什么？

(4) 男：我的信用卡可以直接在取款机上取钱，不用去银行了。
　　　女：我的卡不行，还要去银行，真麻烦。
　　　질문：女的的信用卡怎么了？

3 (1) 而且　(2) 幸亏　(3) 随便　(4) 适合

4 (1) 这电脑不但设计独特，使用也很方便，哥哥很喜欢。

(2) 这裤子我穿有点儿大，试穿后换了小一号的。

(3) 弟弟好像感冒了，有点儿发烧，还咳嗽。

(4) 我在美国旅游时，钱都花光了，所以我把人民币换成了美金。

07

● Q&A 본문 읽고 대답하기 p. 99

1 李明浩昨天睡得很好。今天感觉好多了。

2 上午，李明浩到中华公司参加合作会谈。

3 会谈进行得很顺利。结果签了合作合同。

4 他们去了全聚德。点了北京烤鸭。

5 烤鸭的味道好极了，又香又嫩。李明浩觉得很好吃。

● O/X 본문 읽고 선택하기 p. 101

1 ○　**2** ×　**3** ×　**4** ×

● 자유롭게 말하기 p. 103

1 我的酒量不大，只能喝半瓶啤酒。我不爱喝烧酒，最多只喝一杯。

2 我们送他生日礼物或晚上请他吃饭喝酒。

● 내 실력 확인하기 p. 106

1 (1) ×　(2) ○　(3) ×　(4) ○

듣기 대본

(1) 昨天晚上我睡得不好，今天感觉有点儿累。

질문 : 我昨天晚上睡得好不好?

(2) 谢谢你来看我，今天我已经不发烧了。
질문 : 我昨天怎么了?

(3) 以前我上大学的时候每天都去公园运动，最近没时间去。
질문 : 我最近每天都去公园吗?

(4) 通过这次来中国旅游，我比以前更喜欢中国的文化了。
질문 : 我以前喜不喜欢中国的文化?

2 (1) A (2) C (3) A (4) B

1 (1) 男 : 王小姐，这次的会谈很成功，您辛苦了，多吃点。
女 : 这么多菜，李总，您太客气了。
질문 : 他们在哪儿?

(2) 女 : 马科长，听说您昨天不舒服，今天好点儿了吗?
男 : 谢谢你打电话来关心我，昨天去过医院已经好多了。
질문 : 马科长昨天去哪儿了?

(3) 女 : 张经理，这次洽谈以后你有什么意见吗?
男 : 贵公司的产品很好，我们会考虑和你们的合作。
질문 : 男的是什么意思?

(4) 女 : 这是北京最有名的烤鸭，您来北京一定要尝尝。
男 : 味道果然不错，比我想象的还好吃。
질문 : 下面对的是?

3 (1) 因此 (2) 注意 (3) 尽管 (4) 招待

4 (1) 在北京的时候，我吃了北京名菜，还喝了中国名酒。

(2) 昨晚我睡得不太好，所以今天头很疼，不能上班了。

(3) 我已经喝了很多，不能再喝了，再喝就醉了。

(4) 通过这次会议，我对贵公司的新产品更感兴趣了，希望合作顺利。

08

● **Q&A** 본문 읽고 대답하기 **p. 113**

1 李总给李明浩打电话告别，李总请李明浩有机会再来北京。

2 火车的种类有普快、特快和动车等。

3 动车的票价最贵，要500多块。

4 因为动车最快。所以李明浩决定坐动车去上海。

5 期待上海之行更精彩！

● **O/X** 본문 읽고 선택하기 **p. 115**

1 ×   **2** ○   **3** ×   **4** ×

● **자유롭게 말하기 p. 117**

1 韩国最快的火车是KTX高速列车，票价也最贵。从首尔到釜山两个小时四十分就到了。单程票价是四万多。

2 两年前的夏天，我带着妻子和两个孩子坐船到山东去旅游。我们请了一位开车师傅，包了一辆小巴士，花了四天游览了山东全省。我们家人最喜欢山东的泰山和孔庙。

● **내 실력 확인하기 p. 120**

1 (1) ×   (2) ×   (3) ×   (4) ×

(1) 我想坐动车去天津，但是票价太贵，我只好坐特快去了。

질문 : 我坐什么去天津的？

(2) 从上海到北京要坐十二个小时左右才能
到。
질문 : 我今天早上七点从上海出发，几
点可以到北京？

(3) 首尔离北京不到一千公里，首尔离东京
有一千多公里。
질문 : 首尔离北京更远还是离东京更远？

(4) 小王，回到中国后请替我向你爸妈问好。
질문 : 我去中国还是小王去中国？

2 (1) C　(2) B　(3) A　(4) A

1 (1) 女 : 我和朋友打算这次放假去泰国旅
游。
男 : 那要早点儿准备，先向旅行社打
听一下飞机票的情况吧。
질문 : 女的打算怎么去旅游？

(2) 男 : 软座和硬座的票价差多少？
女 : 软座520块一张，比硬座贵50块。
질문 : 硬座票价多少钱一张？

(3) 女 : 小王，今天晚上有个新同事的欢
迎会，你也来参加吧。
男 : 真不巧，今天晚上我已经约了朋
友。
질문 : 下面哪个是不对的？

(4) 女 : 从北京到杭州坐火车需要十几个
小时。
男 : 真的？没想到要坐这么长时间。
질문 : 男的是什么意思？

3 (1) 决定　(2) 公里　(3) 离开　(4) 不巧

4 (1) 真巧下个星期我也要去北京出差，我们
一起去吧。

(2) 我在网上订好了火车票，今天晚上就能
到天津。

(3) 中国的工作都结束了，明天我终于可以
回韩国了。

(4) 这双鞋最漂亮，但是也最贵，我们还是
看看别的吧。

09

● **Q&A** 본문 읽고 대답하기 **p. 127**

1 李明浩坐了十多个小时的火车到了上海。

2 李明浩觉得上海火车站很大，人也车也很
多。

3 坐公交车或者打车都很方便。

4 李明浩坐了一天火车有点累，所以打车去
了。

5 李明浩觉得上海真是一个现代化的国际大
都市。

● **O/X** 본문 읽고 선택하기 **p. 129**

1 ×　**2** ×　**3** ×　**4** ○

● **자유롭게 말하기 p. 131**

1 每个人的想法都不一样。我觉得上班更
好。上班人每个月有一定的收入，但做生
意的人收入不一定。上班除了工作以外，
还可以安排自己的时间。但做生意人没有
那么多时间。

2 我家附近没有地铁站。从公司到我家只能
坐272、606路公交车或打的。坐公交车30
分钟左右了，打车大概要6000多韩币。

● **내 실력 확인하기 p. 134**

1 (1) ×　(2) ×　(3) ×　(4) ○

(1) 坐了三个半小时的飞机，我终于从首尔
到了香港。

질문 : 我是从北京去香港的吗？

(2) 我第一次去南京，我觉得南京比我想象
　　的更热。
　　질문 : 我觉得南京的天气怎么样？

(3) 北京是中国的文化中心，上海是中国的
　　经济中心。
　　질문 : 为什么说上海是中国的经济中
　　　　　心？

(4) 学了三年的英语，我终于可以和美国人
　　聊天了。
　　질문 : 我的英语说得怎么样？

2　(1) B　(2) A　(3) C　(4) B

1　(1)　女 : 李先生，一路上辛苦了，下了火
　　　　　　车您打车回酒店吧！
　　　　男 : 没关系，我不累，坐地铁去也挺
　　　　　　方便的。
　　　　질문 : 李先生打算怎么回酒店？

(2)　男 : 你第一次吃北京烤鸭觉得味道怎
　　　　　么样？
　　　女 : 比我想象的还好吃，我以后还要
　　　　　再来吃。
　　　질문 : 女的觉得北京烤鸭味道怎么样？

(3)　女 : 师傅，我要去外滩，请开快点儿。
　　　男 : 好的，请您坐好。
　　　질문 : 他们现在在哪儿？

(4)　女 : 听说你认识好几位英语老师，能
　　　　　给我推荐一位吗？
　　　男 : 可以呀，明天我就帮你联系。
　　　질문 : 女的请男的帮什么忙？

3　(1) 终于　(2) 推荐　(3) 热情　(4) 原来

4　(1) 不巧朋友有事儿，我自己打车去了饭店。

(2) 我第一次听到王小姐唱歌，她唱得真
　　好，让我吃了一惊。

(3) 我不是第一次去英国的，以前还在那儿
　　留学过三年。

(4) 他的女朋友没有我想象的高，但是长得
　　很漂亮。

10

● **Q&A** 본문 읽고 대답하기 p. 141

1 和平饭店在外滩附近。是五星级的。

2 因为现在是旺季，没有单人间了。

3 服务员帮他把行李拿到了房间。

4 从房间可以看到外滩和浦东的美景。

5 饭店还提供早餐和免费上网服务。设施很
　　齐全。

● **O/X** 본문 읽고 선택하기 p. 143

1 ×　**2** ×　**3** ×　**4** ○

● **자유롭게 말하기** p. 145

1 旺季去旅游的人多，去哪儿都是人山人
　　海，又辛苦又没意思。我喜欢人不多的淡
　　季去旅游。

2 我还是要住饭店。住朋友家可能更好更有
　　意思，但我不想麻烦朋友。

● **내 실력 확인하기** p. 148

1　(1) ○　(2) ×　(3) ○　(4) ×

(1) 在这个超市可以买到爷爷喜欢吃的水果。
　　질문 : 我在哪儿要干什么？

(2) 单人间的房价是430块，标准间的房价
　　是510块。
　　질문 : 标准间比单人间贵多少钱？

(3) 标准间房费一天900块，押金200块另
　　付。

질문：住一天标准间一共要付多少钱?

(4) 请把您的姓名和护照号码写在登记表上。
질문：登记表上不需要写什么?

2 (1) C (2) B (3) B (4) B

듣기 대본

1 (1) 女：这房间挺大的，不过不太干净。
男：对不起，我马上打电话通知前台。
질문：男的为什么要给前台打电话?

(2) 女：你不是这个月要去香港旅游吗?
怎么没去?
男：现在是旺季，飞机票太贵了。
질문：男的为什么没去香港?

(3) 男：我想要一个标准间，住一个星期。
女：好的，请您填一下这张登记表。
五楼的房间可以吗?
질문：男的在干什么?

(4) 女：这所学校是50多年前建成的，很
有名。
男：原来如此，难怪这么多外国留学
生在这儿学习。
질문：为什么这学校的外国留学生很多?

3 (1) 包括 (2) 难怪 (3) 免费 (4) 只好

4 (1) 可惜这次来中国时间太紧，下次再去广
州看你吧。

(2) 那包儿好是好，但是太贵了，我买不起。

(3) 请给我换一个可以看到夜景的座位，在
这里看不到呢。

(4) 请把您的行李放在这儿，我们帮您送到
房间。

11

● **Q&A** **본문 읽고 대답하기** p. 155

1 刘芳是李明浩的老同学，现在在上海工作。

2 因为外滩以前是租借，所以有很多欧式建
筑。

3 李明浩深深地感到中国经济的飞速发展。

4 因为他听说杭州像人间天堂一样美，所以
想去看看。

5 是的，刘芳很高兴地答应了。

● **O/X** **본문 읽고 선택하기** p. 157

1 × **2** × **3** × **4** ○

● **자유롭게 말하기** p. 159

1 我们都工作,不常见面，大概一个月或两个
月见一次。我们常在大学附近的饭店或啤
酒屋见面聊天。

2 我去过北京和上海。北京是旅游的好地
方，上海是购物的好地方。北京比较古
老，上海很时尚。北京是中国的政治文化
中心，上海是中国的经济中心。

● **내 실력 확인하기** p. 162

1 (1) × (2) × (3) ○ (4) ×

듣기 대본

(1) 上海的春天和首尔差不多，不冷不热。
질문：上海和首尔的春天怎么样?

(2) 从我家到公司，不用坐车，走着去十分
钟就到了。
질문：从我家怎么去公司?

(3) 这商店的东西多，价格也不贵，我打算
买些纪念品送给朋友。
질문：我在哪儿干什么?

(4) 好久不见，小张还是老样子。看来他在
上海的生活过得不错。
질문：为什么说小张过得不错?

2 (1) A (2) A (3) C (4) A

듣기 대본

1 (1) 女：你家离公司很远吗？
　　男：坐公交车要一个小时，所以我每
　　　　天都得早起。
　　质问：男的家离公司远不远？

　(2) 女：你的生意做得不错吧，听说已经
　　　　是大老板了。
　　男：离大老板还差得远哪，马马虎虎吧。
　　质问：男的是什么意思？

　(3) 女：没想到北京的天气这么好，不冷
　　　　也不热。
　　男：现在是5月，你来得正是时候，下
　　　　个月就开始热了。
　　质问：北京的天气什么时候开始热？

　(4) 男：等你工作结束了，我们一起去北
　　　　京玩儿吧！
　　女：好主意，我还打算顺便去看个朋
　　　　友。
　　质问：他们打算什么时候去北京玩儿？

3 (1) 正好　(2) 答应　(3) 顺便　(4) 老样子

4 (1) 我听说他的老家很美，美得像画儿一样。

　(2) 姐姐让我陪她去看汽车展览会，我有事
　　去不了。

　(3) 你来得正是时候，我们马上就要开始吃
　　晚饭了。

　(4) 中国好吃的菜太多了，特别是涮羊肉我
　　最喜欢吃。

12

● **Q&A** 본문 읽고 대답하기 p. 169

1 他们要坐旅游大巴去杭州。

2 从上海到杭州需要两个小时。

3 西湖的山水很美，像画儿一样。

4 "上有天堂，下有苏杭。"

5 明浩觉得这次的杭州之行给他留下了美好
　的回忆。

● **O/X** 본문 읽고 선택하기 p. 171

1 ×　**2** ×　**3** ×　**4** ○

● **자유롭게 말하기** p. 173

1 都有好处。跟团旅游是旅行社给我们安排
　日程，不太辛苦。自助旅游比较辛苦，但
　可以选自己想去的地方和想吃的东西。

2 我有压力的时候，去旅游、做运动、逛街
　或去歌厅唱歌儿。

● **내 실력 확인하기** p. 176

1 (1) ×　(2) ○　(3) ×　(4) ×

듣기 대본

(1) 西湖不仅风景美，还有不少传说呢！
　质问：西湖的风景怎么样？

(2) 我和你在网上聊天，真有点儿迫不及待
　地想去见你。
　质问：这句话是什么意思？

(3) 跟团旅游好是好，没有自助游那么有意
　思。
　质问：说话人觉得怎么旅游更好？

(4) 最近工作压力大，今天我们去旅游，好
　好地放松一下吧！
　质문：我们在干什么？

2 (1) B　(2) A　(3) A　(4) C

듣기 대본

1 (1) 女：上个月你和小李去日本旅游，是
　　　　和旅行团一起去的吗？
　　男：跟团去时间太紧了，我们是自助
　　　　游去的。

질문 : 男的是怎么去日本的?

(2) 女 : 糟糕！今天新电影的票已经卖光
　　　了，怎么办?

男 : 我已经在网上订了晚上七点的
　　票，你准时来就可以了。

질문 : 他们今晚可以看电影吗?

(3) 女 : 儿子啊，这次考试准备了那么
　　　久，考得不错吧?

男 : 这次绝对不会让您失望的。

질문 : 男的是什么意思?

(4) 男 : 我有点累了，我们在这家咖啡厅
　　　喝杯咖啡吧。

女 : 这家咖啡厅不仅价格贵，味道也
　　不怎么样。

질문 : 女的喜欢这家咖啡厅吗?

3 (1) 迫不及待　　　　(2) 与众不同
(3) 名不虚传　　　　(4) 留作纪念

4 (1) 我听说北京烤鸭最好吃，真有点儿迫不
　　及待想尝尝了。
(2) 昨天突然下雪了，今天城市全都变成了
　　白色。
(3) 这次会谈的结果，绝对不会让大家失望
　　的。
(4) 和跟团旅游比起来还是自助游更有意思。

13

● **Q&A** 본문 읽고 대답하기 **p. 183**

1 晚上明浩和几个老同学一起吃饭了。

2 价格有点贵，但是环境和味道都是一流的。

3 听起来他们过得都很不错。

4 他们回忆着从前，好像又回到了快乐的学
生时代。

5 他们聊得很痛快。明浩喝了不少，有点儿
醉了。

● **O/X** 본문 읽고 선택하기 **p. 185**

1 ×　　**2** ×　　**3** ○　　**4** ×

● **자유롭게 말하기 p. 187**

1 我会选学校附近的餐厅。吃饭后，我们可
以到母校去走走，回忆一下大学生活。

2 我很喜欢中国，我很关心中国的发展。
中国很大，每个地方的菜都不太一样，所
以可吃的很丰富。中国好玩儿的地方也很
多，都有特别的风景。中国的历史很久了，
我对中国的历史很感兴趣。

● **내 실력 확인하기 p. 190**

1 (1) ×　　(2) ○　　(3) ×　　(4) ○

듣기 대본

(1) 这家餐厅的菜有点贵，但是环境和味道
　　都是一流的。
　　질문 : 这家餐厅怎么样?

(2) 小王可厉害了，他现在是公司老板，发
　　大财了。
　　질문 : 小王最近怎么样?

(3) 这次我看到上海发展得这么快，对上海
　　更感兴趣了。
　　질문 : 我为什么对上海感兴趣了?

(4) 来，大家举杯，让我们一起为友谊干
　　杯！
　　질문 : 一起喝酒的人是什么关系?

2 (1) B　(2) C　(3) B　(4) B

듣기 대본

(1) 女 : 这双鞋质量很好，样子也很漂
　　　亮，但不便宜。
男 : 贵就贵呗，只要你喜欢那就值得！
질문 : 这双鞋怎么样?

(2) 女 : 小王真厉害，他能记住每个朋友

的电话号码。

男：是呀，我只记得我自己的电话号码。

질문：他们说小王怎么样？

(3) 女：来，再来一杯。大学时你可是有名的"千杯不醉"呀！

男：现在老了不行了，喝一点儿就醉。

질문：男的现在的酒量怎么样？

(4) 女：你看你这啤酒肚，该做做运动啦！

男：没办法，工作太忙没时间呀！

질문：男的怎么样？

3 (1) 一流　(2) 值得　(3) 记得　(4) 厉害

4 (1) 和老同事聊天，感觉好像又回到了以前一起工作的时候。

(2) 马经理特意点了一瓶五粮液，为合作成功干杯。

(3) 照你这么说，我早该升职当经理了。

(4) 这儿的房价贵是贵，不过交通方便，也值了。

14

● **Q&A** **본문 읽고 대답하기** p. 197

1 李明浩约了刘芳一起去逛街拍照。

2 他们坐地铁去了城隍庙和豫园。

3 他们下午去了南京东路。

4 南京东路人很多很热闹，有不少可吃的，可买的和可看的。

5 李明浩吃了很多东西，钱都花光了。

● **O/X** **본문 읽고 선택하기** p. 199

1 ○　**2** ×　**3** ×　**4** ×

● **자유롭게 말하기** p. 201

1 我觉得首尔的明洞最热闹。那儿可吃的，可买的和可看的很多。明洞有很多餐厅，商场，电影院和歌厅等。卖衣服的地方特别多。

2 第一，跟朋友借点儿钱。第二，没办法，跟父母要钱。第三，没有钱不出去，有了钱再出去。

● **내 실력 확인하기** p. 204

1 (1) ○　(2) ○　(3) ○　(4) ×

〔듣기 대본〕

(1) 我们先去城隍庙拍照片再去南京东路逛街吧！

질문：我们打算去城隍庙干什么？

(2) 这里人这么多，我猜这家的烤鸭一定很不错！

질문：我吃过这家的烤鸭吗？

(3) 现在百货商场正在大减价，纪念品、衣服什么的都在打折。

질문：现在什么东西便宜？

(4) 外滩附近有不少可看的和可玩儿的，但是没什么可吃的。

질문：外滩附近怎么样？

2 (1) B　(2) B　(3) B　(4) A

〔듣기 대본〕

1 (1) 女：那儿那么多人在看什么？好像挺有意思的。

男：我们也过去凑凑热闹吧！

질문：他们要去哪儿？

(2) 男：快点儿走吧，一会儿就没有地铁了。

女：走了一天买了不少东西，钱包也空了。

질문：他们可能干什么了？

(3) 男：你怎么买了那么多衣服，花了不
少钱吧?

女：最近商场都在打折，不贵！

질문：女的为什么买了很多衣服?

(4) 男：这商店的工艺品真不少，看得我
眼睛都花了。

女：我们从这边开始慢慢地挑选吧！

질문："眼睛都花了"是什么意思?

3 (1) 凑热闹　(2) 尝尝　(3) 种类　(4) 排队

4 (1) 小李在苏州生活了很久，这次他给我介
绍了很多值得去的地方。

(2) 这家书店的书非常多，看得我眼睛都花
了。

(3) 我们先去逛街，然后再去吃饭，最后一
起回家。

(4) 做了一天的工作，我觉得很累，要休息
一会儿才行。

15

● Q&A **본문 읽고 대답하기** p. 211

1 淮海路名牌店很多。

2 他们跟老板讲价，最后老板给他打了八
折。

3 晚上，刘芳带李明浩去了新天地。

4 新天地的露天酒吧最受年轻人和外国人的
欢迎。

5 李明浩觉得上海的魅力是古典和现代的结合。

● O/X **본문 읽고 선택하기** p. 213

1 ×　**2** ○　**3** ×　**4** ×

● **자유롭게 말하기** p. 215

1 一般来说，百货商场和超市的东西都是一
口价，不能讨价还价。自由市场和小商店

的东西可以讲价。

2 名牌太贵，我买不起。我只有包儿和皮鞋
是名品，有的是打折时买的，有的是朋友
送我的。

● **내 실력 확인하기** p. 218

1 (1) ×　(2) ○　(3) ×　(4) ○

(1) 这件衣服200块，我跟老板讨价还价，
最后他给我打了九折。

질문：我花了多少钱买了这件衣服?

(2) 淮海路上什么名牌都有，我看得眼都花
了。

질문：这句话是什么意思?

(3) 周末的时候，很多年轻人都喜欢泡吧和
看电影。

질문：年轻人周末喜欢干什么?

(4) 学汉语的外国人很多，尤其是韩国人，
他们对中国很感兴趣。

질문：哪国人学汉语最多?

2 (1) C　(2) A　(3) B　(4) C

1 (1) 女：这包儿太贵了，能不能便宜点儿，
打个折吧。

男：对不起，我们店里的商品是一口
价。

질문：男的是什么意思?

(2) 女：我从小在胡同长大，生活了二十
多年了。

男：我和你差不多，我是在弄堂里长
大的。

질문：女的老家是哪儿?

(3) 男：我们去对面的那家酒吧喝点儿啤
酒，怎么样?

女：那家酒吧看起来人挺多的，我们

就去那儿吧。

질문：女的想去什么样的酒吧？

(4) 男： 你们每天去公园运动吗？

女： 是呀，早上公园里有很多人，尤其是老年人。

质문：女的说老年人喜欢做什么？

3 (1) 到处　(2) 要是　(3) 既然　(4) 尤其

4 (1) 这家饭店的法国菜最受人们的欢迎。

(2) 弟弟不仅喜欢喝可乐，还喜欢喝果汁儿。

(3) 有山有水的地方我都喜欢，尤其是海边儿。

(4) 吃完饭我们顺便去超市买东西吧。

16

● Q&A **본문 읽고 대답하기** p. 225

1 李明浩刷卡结帐的。

2 他们坐磁悬浮列车去了浦东机场。

3 刘芳觉得对李明浩照顾得不周到，所以很抱歉。

4 李明浩在上海给她添了不少麻烦，所以很感谢她。

5 李明浩觉得这次旅行很愉快，给他留下了难忘的印象。

● O/X **본문 읽고 선택하기** p. 227

1 ○　**2** ×　**3** ×　**4** ×

● **자유롭게 말하기** p. 229

1 我有两张信用卡和一张SK优惠卡。我很少带现金，所以经常刷卡。

2 (1) 和几年没见的朋友聊天后要回去，觉得很舍不得。

(2) 到外国去旅游，回国时很舍不得。

(3) 非常有意思的电影结束了，很舍不得。

● **내 실력 확인하기** p. 232

1 (1) ×　(2) ○　(3) ○　(4) ○

(1) 刷卡结账比现金结账便宜，可以享受九折优惠。
질문：哪种结账方式有优惠？

(2) 这次旅行很愉快，给我留下了难忘的印象。
질문：我觉得这次旅行怎么样？

(3) 我来你家住了这么多天，真是给你添了不少麻烦。
질문：我现在觉得怎么样？

(4) 你说李红是小张的女朋友？你可真会开玩笑。
질문：说话人是什么意思？

2 (1) A　(2) C　(3) A　(4) A

1 (1) 男： 我要退房，用这张信用卡结账。

女： 对不起，我们饭店不收信用卡，只收现金。

질문：男的应该怎么结账？

(2) 男： 你的歌唱得真好，像歌手一样。

女： 什么歌手，你可真会开玩笑。

질문：女的是什么意思？

(3) 男：吴小姐，这是我们经理的一点儿小意思，请收下。

女： 这个……太贵重了，我不能收。

질문：男的给了女的什么？

(4) 女：时间差不多了，快进去吧。祝你一路平安。

男： 谢谢你来送我，你也多保重。

질문：他们在干什么？

3 (1) 惊喜　(2) 舍不得　(3) 抱歉　(4) 难忘

4 (1) 以后有时间欢迎你来我家玩儿。

(2) 哥哥明天要去美国留学，真有点儿舍不
得。

(3) 用这张信用卡购物可以享受几折优惠?

(4) 她的汉语说得的确很好，像中国人一
样。

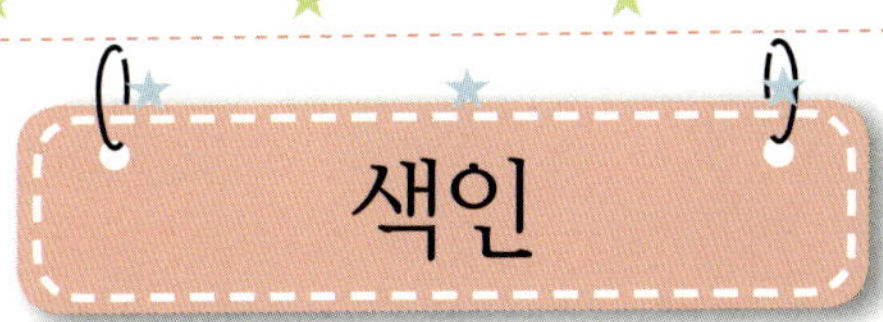

본 교재에 나오는 어휘를 발음순으로 배열하여 쉽게 찾아볼 수 있도록 구성하였습니다.
뒤의 숫자는 본문에서 해당 어휘가 처음 나오는 과를 나타냅니다.